差がつく 練習法

サッカー ポゼッションスタイル

著 徳永尊信 FC町田ゼルビア アカデミー ジュニアユース監督

はじめに

2008年、当時スペインのバルセロナにいた私は大きな衝撃を受けました。それはスペインに渡り4年が経ち、スペインのサッカーをだいぶ知り尽くしたと思い始めていた頃、FCバルセロナの監督に就任したペップ・グアルディオラが起こした戦術的革命を生で見た瞬間のことでした。

その前年、私はバルセロナにあるCEエウロパというクラブで、アンヘル・ゴメスが監督として、私がコーチとしてユースチームを率いていました。当時、ヨハン・クライフの孫が選手としてエウロパに所属していた関係で、監督のアンヘルとともにクライフの自宅に招かれました。そこでボードを片手に説明してくれた戦術とペップの戦術は同じだったのです。

グアルディオラが率いたバルセロナの『ポゼッションスタイル』は、80年代後半にアリゴ・サッキが作り上げた『ゾーンプレス』以来の大きな戦術的進化でした。70〜80パーセント近い驚異的なボール支配率を誇り、世界最高レベルのリーガ・エスパニョーラやUEFAチャンピオンズリーグでは毎試合のように大量得点を奪い勝利する。誰もが夢見るサッカーを彼は体現し、サッカーの可能性を更に大きく拡げたと考えています。

その後、2010年のワールドカップでスペイン代表が優勝し、2014年大会では、グアルディオラ率いるFCバイエルン・ミュンヘンの選手を中心に構成されたドイツ代表が優勝しました。また、2014-2015シーズンのチャンピオンズリーグでは、バルセロナが、ポゼッションスタイルをベースにしつつ、そこに縦に速い攻撃もつけ加えたサッカーでタイトルを取りました。世界のサッカーは、また少しずつ確実に進化してきています。

育成年代の指導とは、何年後か先の未来に活躍する選手を育てることであり、世界トップレベルのサッカーの傾向を意識して取り組まねばなりません。なぜなら、時代遅れの選手を育てても世界のサッカー市場では必要とされないからです。

本書では、こうした考えをもとに、現在指導を行っているFC町田ゼルビア アカデミー ジュニアユースで実施しているトレーニングメニューを具体的に紹介しています。指導者および選手のみなさんにとって、少しでもお役に立てれば大変嬉しく思います。

徳永尊信

(FC町田ゼルビア アカデミー
ジュニアユース監督)

CONTENTS
目次

第２章　サポートの動き

第３章　ギャップを使う

第４章　背後をねらう

第５章　数的優位を使いこなす

第６章　３人目の動き

第７章　チーム戦術トレーニング

終　章　指導者向けアドバイス

デザイン／有限会社ライトハウス

黄川田洋志、井上菜奈美、田中ひさえ、

今泉明香、藤本麻衣、新開宙、福本桃子

写　　真／矢野寿明

写真提供／ Getty Images

編　　集／折戸岳彦、木村雄大（ライトハウス）

序章

ポゼッションサッカーの原則

トレーニングを紹介する前に、
ポゼッションサッカーとはそもそも何なのか
を説明します。

ポゼッションサッカーとは？

大原則は「ゴールを奪うこと」

ポゼッションサッカーとは、ボールを**常に**保持してゲームを支配しようと試みる戦術のことです。しかし、この本を手に取るであろう指導者や選手のみなさんにまず最初に理解していただきたいのは、ポゼッションすることサッカーにおける最終目的ではないということです。最終目的はゴールを奪い、試合で勝つことです。それは、スタイルや戦術の違いはもちろん、地域、国、年代に関係なくすべてのサッカーの大原則であることは忘れないでください。

試合で勝つためには、ポゼッションが非常に有効な戦術の1つとなることに間違いはありません。なぜ、ポゼッションが有効なのでしょうか？ それは自チームがボールを持っている限り、オウンゴールを除けば、相手に得点を許すことは絶対にないからです。ボールを奪われなければ相手に攻撃機会を与えることはないため、「攻撃は最大の防御」という言葉が当てはまります。しかし、相手に得点を許さなければ試合には負けませんが、得点を奪わなければ勝てません。

勝利のためにゴールを奪う。ポゼッションという戦術はそのための手段です。

ポゼッションを志向するサッカーにおいては、ボールを失う可能性のあるロングボールはできる限り多用せず、より的確なポジションにいる味方にショートパスを確実につないで人数をかけながら、ゴールを目指していきます。ボールは人間よりも速く動くことができますし、ボールが疲れることはありません。相手ディフェンスはボールを奪うために動く必要があり、その過程で体力を消耗していきますが、ボールを保持していれば、体力の消耗を抑えられます。

細かいポジションチェンジを続けながら、パスを回して相手守備陣を揺さぶる。そうして時間の経過とともに生じる相手守備網の綻びを突いてボールを前線に運び、ゴールを奪うことを最優先として考えながら、最終ラインを突破するためにプレーを選択していく。ポゼッションサッカーは、サッカーの大原則のうえにあるものだという意識を常に持つ必要があります。

ゴールを奪うプロセスは

４段階

ゴールを奪うまでの攻撃のプロセスは、
以下の４つの要素から成り立っています。

① ビルドアップ

ビルドアップはボールの突破口や出口を探す意味を持っており、特に相手ディフェンスのファーストラインを突破することを指します。左右に揺さぶりながら突破口を生み出す「展開」、突破口を見つけたときにボールを前に運ぶ「前進」で、相手ゴールにボールをより近づけていきます

② 崩し

ビルドアップにより、相手のファーストラインを突破すると、相手のセカンドラインと最終ラインが待ち構えています。ここを突破できなければ、ゴールは生まれません。「数的優位」「ギャップ」「３人目の動き」「ドリブル突破」などを使い、相手の守備組織を崩していきます

③ ラストパス、クロス

相手の守備組織を崩すことに成功すれば、あとはフィニッシュに持ち込むだけです。ラストパスやクロスで決定機を演出します

④ フィニッシュ

ラストパスやクロスに合わせてシュートを放ち、ゴールを奪います

この4段階のプロセスを踏むにあたり、本来の目的を忘れてしまってボールを回すだけで満足してしまうと、攻撃は停滞し、ゴールは生まれません。サッカーの大原則である「ゴールを奪うこと」が最優先であるという意識をしっかりと持ちながら、プロセスを踏んでいきましょう。そしてポゼッションはあくまでもゴールという目的を果たすための手段の1つであることを常に念頭においたうえで、コーチは指導にあたっていただきたいですし、選手もトレーニングに取り組んでいただきたいと思います。

本書は「基礎技術トレーニング」の紹介から始まり、「サポートの動き」「ギャップを使う」「背後をねらう」「数的優位を使いこなす」「３人目の動き」と、ポゼッションサッカーに必要な要素をテーマごとに分解し、各章ごとにそれぞれの動き方を養うトレーニングを取り上げています。最後には、まとめとして「チーム戦術トレーニング」を紹介しています。それぞれのトレーニングが、4つの要素のうちのどの部分の強化に関連しているかも、一目でわかるように紹介しています。段階をしっかりと踏みつつ、ポゼッションサッカーに必要な要素を身につけていただきたいと思います。

本書の使い方

本書では、写真、図、アイコンなどを用いて、一つひとつのメニューを具体的に、よりわかりやすく説明しています。図や“やり方”を見るだけでもすぐに練習を始められますが、この練習のねらいはどこにあるのか、どこに注意すればいいのかを理解して取り組むことで、より効果的なトレーニングにすることができます。普段の練習に取り入れて、上達に役立ててみてください。

▶ 強化したい要素が一目瞭然

練習の難易度やかける時間、あるいはどの攻撃要素の強化につながっていくかがひと目でわかります。チームに適したメニューを見つけて練習に取り組んでみましょう。

▶ 知っておきたい練習のポイント

この練習のポイントはどこにあるのか、どういった動きが引き出せるのかを解説しています。また練習を行う際の注意点も示しています。

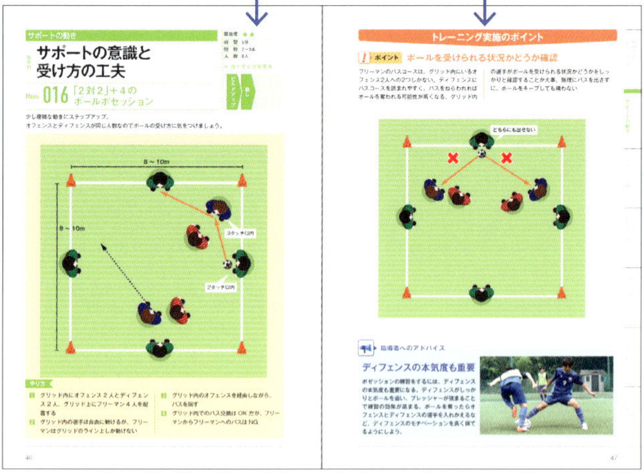

図の見方

オフェンス選手

ディフェンス選手

ボールの動き

人の動き

コーン
（マーカーでも
代用可能）

フリーマン
（状況によって
攻守が変わる選手）

ドリブル

そのほかのアイコンの見方

指導者へのアドバイス

指導者が心がけたい部分の話です

掲載した練習法の形を変えたやり方の紹介です

気に留めておきたいポイントです

第 1 章

基礎技術トレーニング

まずは、ベースとなる基礎技術を
身につけるためのトレーニングを紹介します。

基礎技術トレーニングの重要性

➔ 基礎技術トレーニングとは？

» パス＆コントロールなどの基礎技術を習得するためのトレーニング

» 相手がいない状態で決められた通りに動くことで、攻撃のパターンを習得するトレーニング

? なぜ必要？

» 『技術』はプレーのイメージを実現するための「ツール」であり、一定のレベルを習得することは必須となる

» ディフェンスがいる状態のトレーニングでは『技術』の習得は難しいので、プレッシャーがない状況で反復練習を繰り返す必要がある

» ゴールを奪うためには、攻撃パターンに基づいたイメージを共有する必要がある

イメージを実現する『技術』を身につける

スタジアムに足を運んだ際には、『逆サイドが空いている』『縦パスを打ち込めばチャンスになる』など、次のプレーをイメージしながら試合を観戦していると思います。しかし、そのイメージを実際にピッチ上で表現するのは、とても難しいことなのです。それは選手も同様で、素晴らしいプレーのイメージを持っていても、現実化する手段を持っていなければ、ピッチ上で表現できません。

選手のイマジネーションをピッチ上で表現する手段が『技術』です。選手は試合のシチュエーションに応じて、自分の持っている『技術』のなかから、その場面で最適なプレーを判断して実行していきます。しかし、実行できる『技術』がなければプレーの選択肢は減り、イメージを現実化しようとしても、失敗に終わることがあるでしょう。だからこそ、基礎技術トレーニングを反復して行うことで新たな『技術』を身につけ、レベルアップを図る必要があるのです。

この章では、プレーのメカニズムのなかから、“実行”に重きを置いたドリルトレーニングを紹介していきます。新たな『技術』を身につけ、今までできなかったプレーを実現していきましょう。『技術』をレベルアップさせることで、プレーの成功率を上げていくことにつなげていきます。ディフェンスがいるトレーニングでは判断力の養成に重きを置いており、新たな『技術』を習得するのは難しくなります。ここで『技術』をしっかりと身につけてもらいたいと思います。

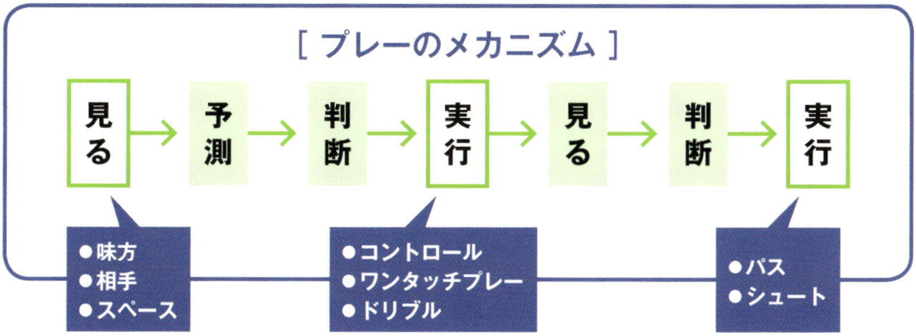

ねらい

正確なパス&コントロールを身につける①

難易度	★☆☆☆☆
時　間	1〜2分
回　数	ー
人　数	4人以上

» 強化する攻撃要素

ビルドアップ　崩し　ラストパス　フィニッシュ

Menu 001 パス&コントロール(ターン)

まずは、4人以上が参加して動きながらのパス交換から。
中間地点でターンしてボールを受ける選手は周囲をしっかりと確認しましょう。

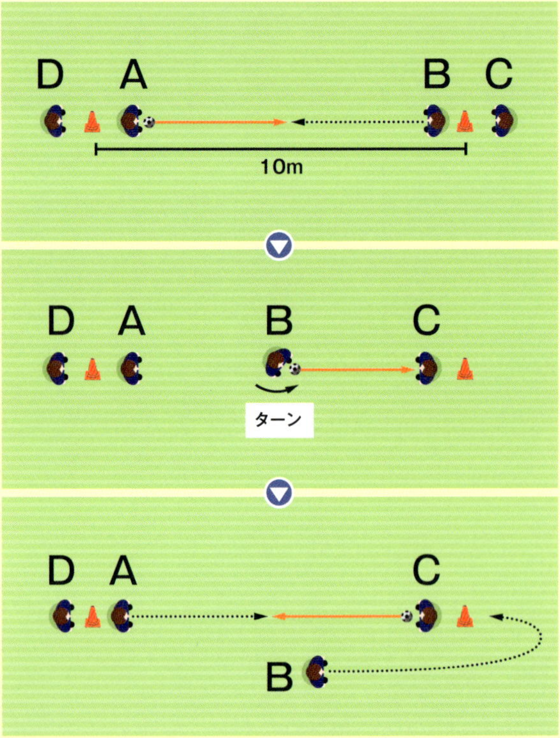

ポイント

ボールを受ける前に首を振る

試合中は味方や相手ディフェンスの動きを確認しながら、ボールを受けなければならない。中間地点でターンをしてボールを受ける選手は、コントロールする前に首を振って周囲の状況を確認し、次のプレーをイメージする

やり方

1. 約10mの距離をとった向かい合った位置に選手を配置する
2. AがBにパスを出す。Bは中間地点に走りながら受ける
3. Bはターンをしてボールを受け、Cにパスを出す。出したら列に戻る
4. ボールを受けたCは、Aにパスを出す。Aは中間地点に走りながら受ける
5. Aはターンをしてボールを受け、Dにパスを出す。出したら列に戻る。これを繰り返す

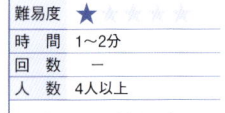

ねらい

正確なパス&コントロールを身につける②

難易度	★☆☆☆☆
時　間	1~2分
回　数	ー
人　数	2人以上

» 強化する攻撃要素

ビルドアップ　崩し　ラストパス　フィニッシュ

Menu 002 パス&コントロール(ドリブル)

試合ではパスだけでなくドリブルも不可欠。
今度はドリブルを取り入れてのパス&コントロールの練習に挑戦しましょう。

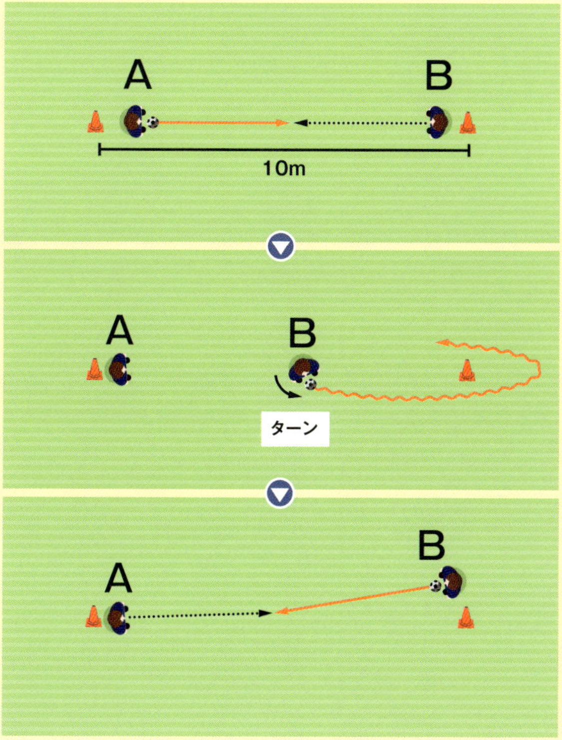

ポイント

ワンタッチ目の強さを変える

ボールを受ける選手はパスの強さによってタッチの強さを変える。強いボールがきた時に力んでコントロールしようとすると、ボールを弾いてしまう。ドリブルしやすい位置にボールを置けるように、ボールスピードに合わせてワンタッチ目の強弱を意識する

やり方

1. 約10mの距離をとった向かい合った位置に選手を配置する
2. AがBにパスを出す。Bは中間地点に走りながら受ける
3. Bはターンをしてボールを受け、ドリブルでコーンを回る
4. コーンを回ったBは、Aにパスを出す。Aは中間地点に走りながら受ける
5. Aはターンをしてボールを受け、ドリブルでコーンを回る。Bにパスを出す。これを繰り返す

基礎技術トレーニング

ねらい

正確なパス&コントロールを身につける③

難易度	★☆☆☆☆
時間	1~2分
回数	ー
人数	2人

» 強化する攻撃要素

ビルドアップ / 崩し / ラストパス / フィニッシュ

Menu 003 パス&コントロール(2人組)

次は正確なパスとボールコントロールを身につける練習。
2人組になって正確なパス交換をしましょう。

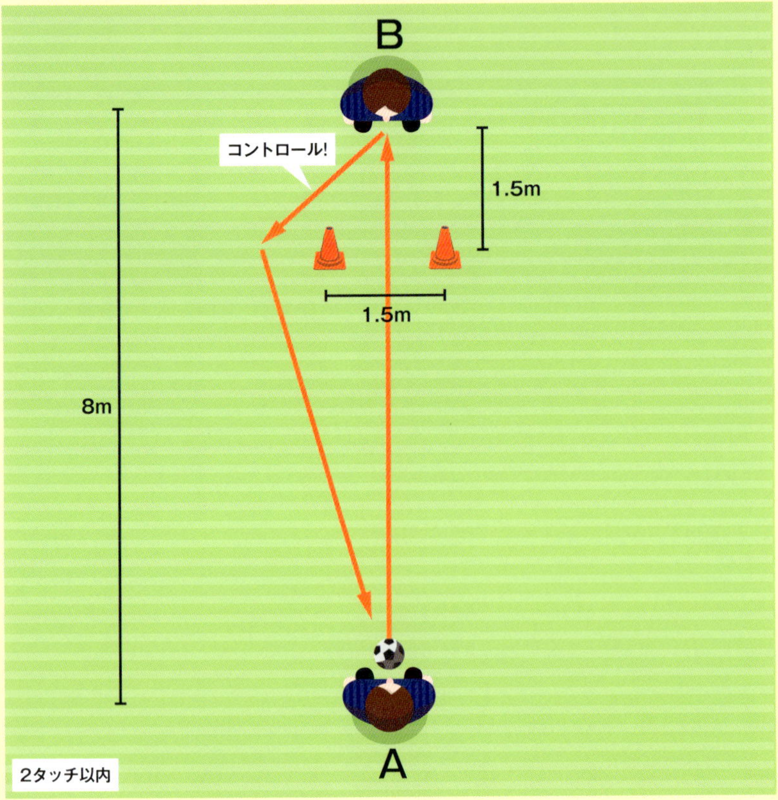

やり方

1 AとBは約8mの距離をとる
2 Aが1.5m幅に置かれたコーンの間を通してBにパスを出す
3 Bはワンタッチでボールコントロールし、コーンの外側からAにパスを返す
4 逆足でも行う

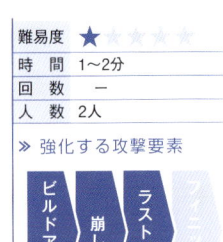

指導者へのアドバイス

受ける際の体勢に注意

次のプレーに向けてコントロールしやすいところへボールを運ぶ必要がある。その際、選手がしっかりと前傾し、足元でコントロールしているかをコーチは確認しよう。足が前に出て体が反ってしまうとコントロールが安定せず、次のプレーに移行するまでに時間がかかってしまう。

OK 前傾して足元でコントロールしている

NG 足が前に出て体が反っている

ポイント インサイドでしっかりと

技術トレーニングで重要になるのは足のどの部分でコントロールするかである。基本となるのはボールに当たる面が大きく、正確なキックを蹴ることができるインサイドキック。まずはインサイドでしっかりとパスとコントロールをできるようにする

ねらい

正確なパス&コントロールを身につける④

難易度	★★
時間	1～2分
回数	ー
人数	3人

» 強化する攻撃要素

ビルドアップ / 崩し / ラストパス / フィニッシュ

Menu 004 パス&コントロール(3人組)

3人組になってのパス&コントロール練習。
2人の間に入る選手はスムーズなターンを意識しましょう。

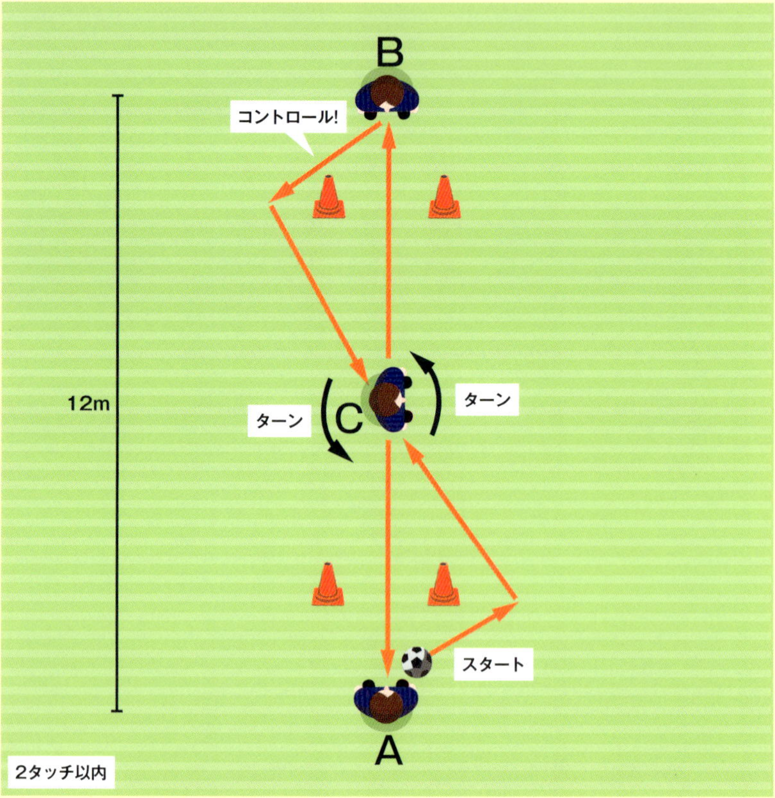

やり方

1. AとBは約12mの距離をとり、Cは2人の中間に入る
2. Aがコーンの外側からCにパスを出し、Cはターンをしながらボールを受ける
3. CがBにパスを出し、Bはワンタッチでボールコントロールし、コーンの外側からCにパスを返す
4. Cはターンをしながらボールを受け、Aにパスを出す。これを繰り返す
5. 逆足でも行う

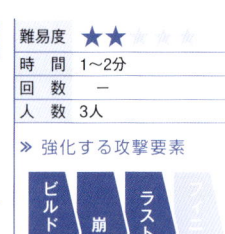

指導者へのアドバイス

遠い足でコントロールする

体を開いて、ボールが来る方向から遠い足でコントロールしてターンをさせよう。近い足でコントロールするとターンができず、次のプレーに移行できない。また、受ける直前に軽くステップを踏んで受けること。軸足が地面についたままだと、スムーズな重心移動ができない。

OK 遠い足（左足）でのコントロール

NG 近い足（右足）でのコントロール

NG 軸足が地面についたままでのコントロール

ねらい

正確なパス&コントロールを身につける⑤

Menu 005 パス&コントロール ひし形(ターン)

難易度	★★
時間	1〜2分
回数	ー
人数	5人以上

» 強化する攻撃要素

ビルドアップ / 崩し / ラストパス / フィニッシュ

コーンをひし形状に配置し、動きながらのパス&コントロール練習。
パスを受けたら、遠いほうの足でコントロールしましょう。

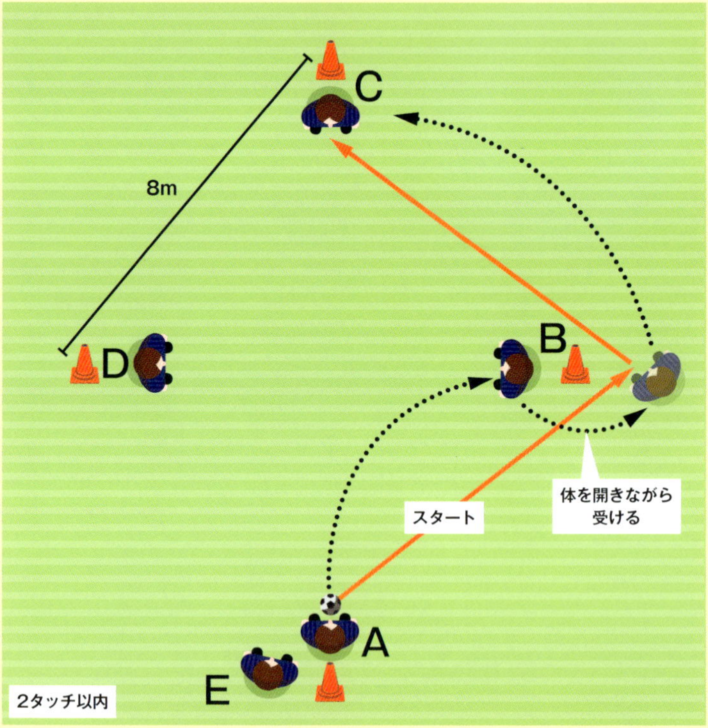

やり方

1. ひし形状にコーンを置き、それぞれに選手を配置する。選手間の距離は約8mとする
2. AからBにパスを出す。Bはボールを受ける前にコーンから離れ、体を開きながらボールから遠い足でコントロールする。AはBがいる位置へと移動する
3. BはCにパスを出し、Cがいる位置へと移動する
4. Cは正面から来るボールをコントロールして、Dにパスを出す。反対側(C〜E)も同じ動きをしてパスを回していく

指導者へのアドバイス

3種類のボールコントロール

基礎的なボールコントロールには3つの種類がある。
選手が状況によってしっかり使い分けているかを確認しよう。

[前に出すコントロール]

Menu:003で紹介したコントロール。少し前の位置にボールを置くようにコントロールすることで、次のプレーにスムーズに移行することができる。

[ターン]

Menu:004で紹介したコントロール。体の向きを変えながらコントロールする。試合中は止まってボールを受けることは少ないので、使用頻度は高い。

[ストップ]

足を引いてボールの勢いを吸収するコントロール。確実にボールを止める必要があるとき、狭いスペースで相手のプレッシャーを受けたときに使用する。

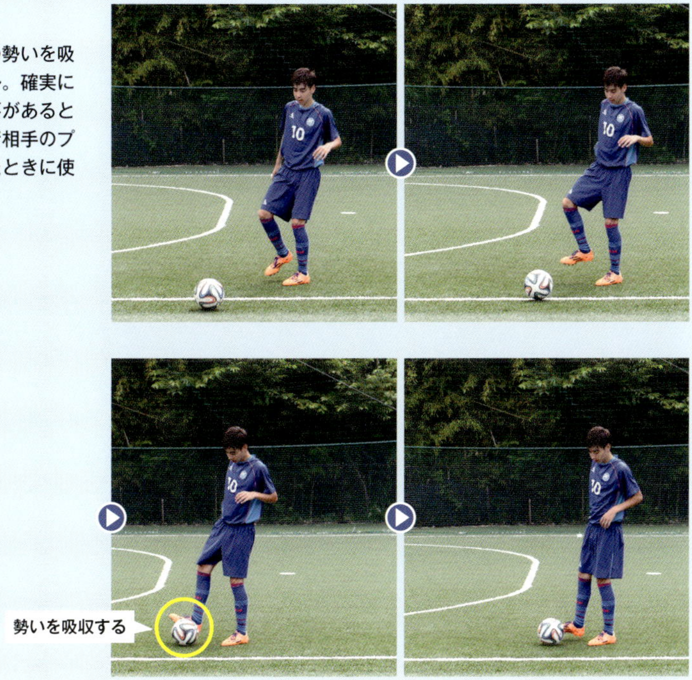

ポイント 左右両足を使えるように

BとDの位置ではボールから遠い足でコントロールするため、時計回りだと左足、逆回りだと右足でボールを受けることになる。試合中には相手ディフェンスのポジションによって、左右のターンを使い分ける必要があるので、どちらもスムーズにこなせるようにする

難易度	★★★☆☆
時　間	2～3分
回　数	ー
人　数	5人以上

» 強化する攻撃要素

ビルドアップ / 崩し / ラストパス / フィニッシュ

ねらい

正確なパス&コントロールを身につける⑥

Menu 006 パス&コントロール ひし形（ワンツー、3人目の動き）

ワンツーと３人目の動きを取り入れたパス交換の練習。５人以上で行うため動きがやや複雑になるが、それでもボールを正確に扱える技術を身につけましょう。

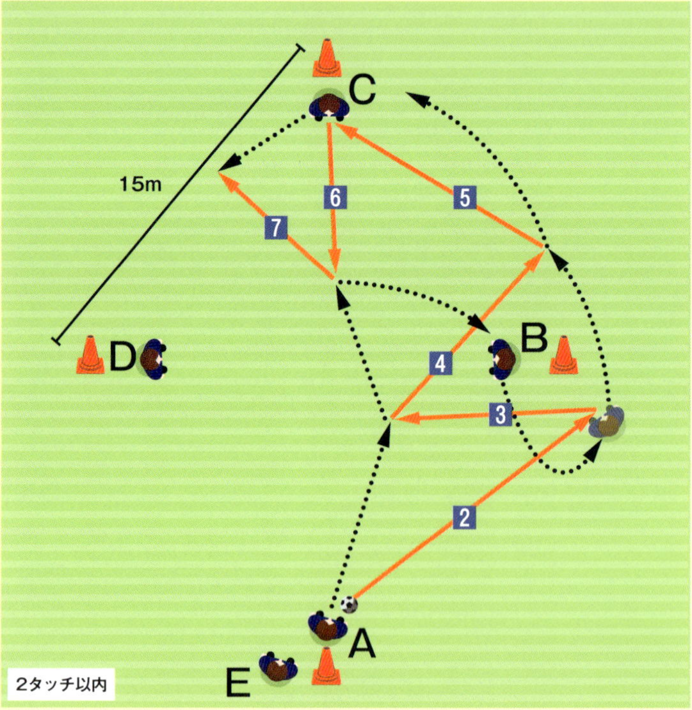

やり方

1. ひし形状にコーンを置き、それぞれに選手を配置する。選手間の距離は約15mとする
2. AはBにパスを出し、Bからのリターンパスを受ける位置へと走り出す
3. Bはコーンから離れて、走り込んでくるAにワンタッチでパスを出し、移動する
4. BはワンツーでAからのリターンパスを受ける
5. BはCへパスを出し、Cがいる位置へと移動する
6. Cはサポートに入るAにワンタッチでパスを出し、移動する
7. AはCにリターンパスを出し、Bがいた位置へと移動する
8. 反対側（C～E）も同じ動きをして、パスを回していく

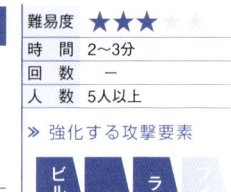

詳しい動き方

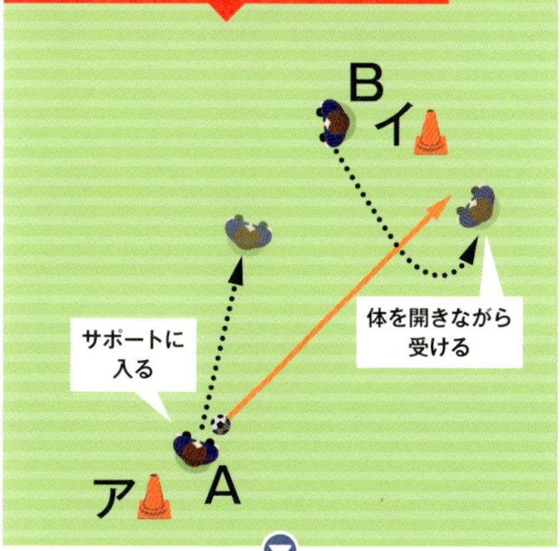

- Bは止まった状態ではなく、コーンの内側から外側へ動いて体を開きながら受ける
- Aはパスを出したら、素早くBのサポートに入る

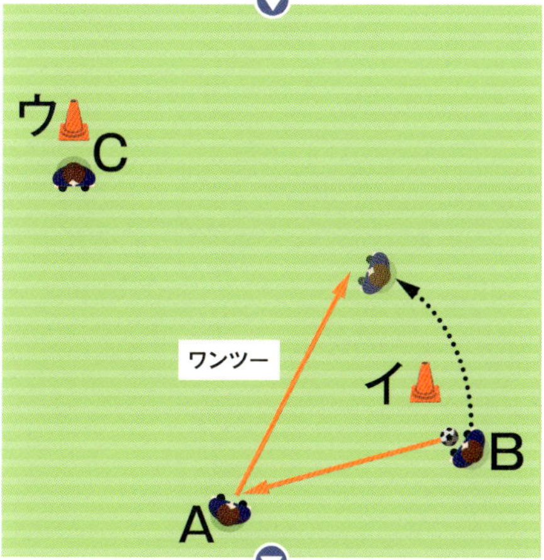

- Aはダイレクトでテンポ良くワンツーを出す。動きを止めないようにする

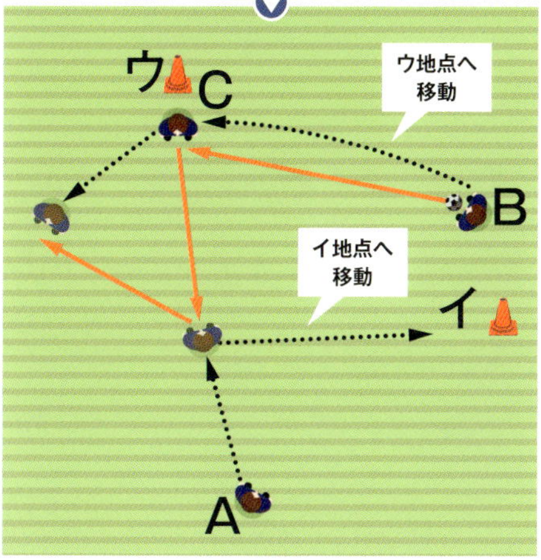

ポイント

パスを使い分ける

AからBへのパスは距離があるため、強いパスを出す必要がある。短い距離での落としのボールやリターンパスは柔らかく出す必要がある。パスの強弱を使い分けるだけでなく、受け手のどちらの足に出せばプレーしやすいかまでを考えてパスを出す

ねらい

正確なパス&コントロールを身につける⑦

難易度	★★★☆☆
時　間	2～3分
回　数	
人　数	5人以上

» 強化する攻撃要素

ビルドアップ ＞ 崩し ＞ ラストパス ＞ フィニッシュ

Menu 007 パス&コントロール ひし形(オーバーラップ)

この練習は試合中のオーバーラップを想定したもの。
パスを出したあとは全力で走ってサポートに入りましょう。

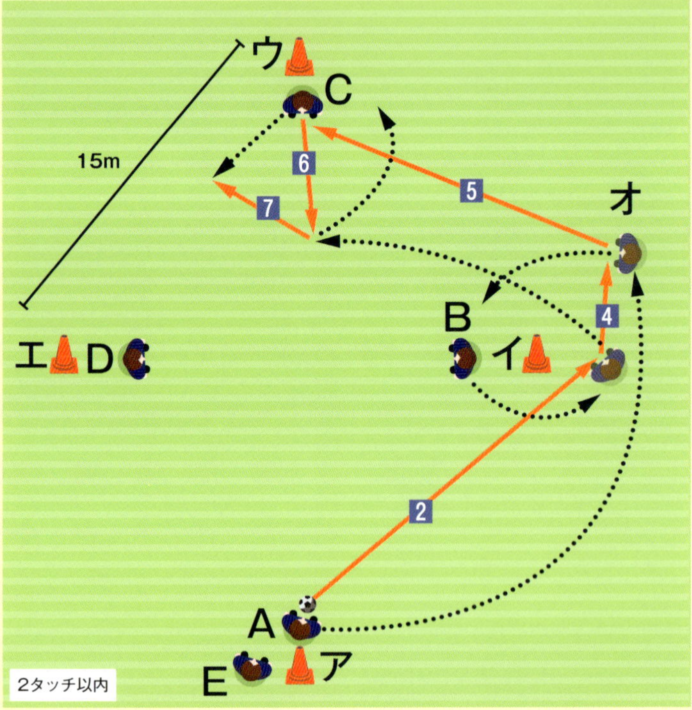

やり方

1. ひし形状にコーンを置き、それぞれに選手を配置する。選手間の距離は約15mとする。
2. AはBにパスを出し、そのままオ地点へと走り出す
3. Bはボールを受ける前にコーンから離れ、体を開きながらボールから遠い足でコントロールする
4. Bは外を回って走り込むAにパスを出す
5. AはCにパスを出し、イ地点へと移動する
6. Cはサポートに入ったBにワンタッチでパスを出す
7. BはCにリターンパスを出しウ地点へと移動する
8. 反対側(C～E)も同じ動きをして、パスを回していく

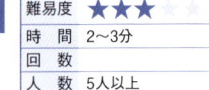

詳しい動き方

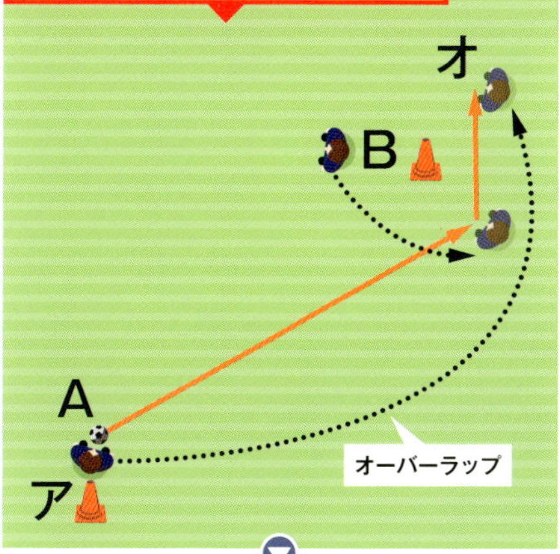

- オーバーラップは全力で走る
- B は遠い足 (この図の場合は右足) でコントロールして A にパスを出す

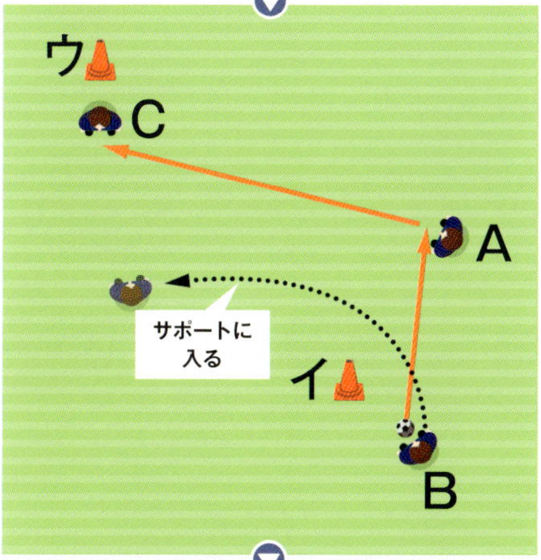

- A は、パスが欲しいタイミングでしっかりと声を掛ける
- B のサポートは素早くタイミング良く。ボールが動いている間に移動する（3人目の動き）

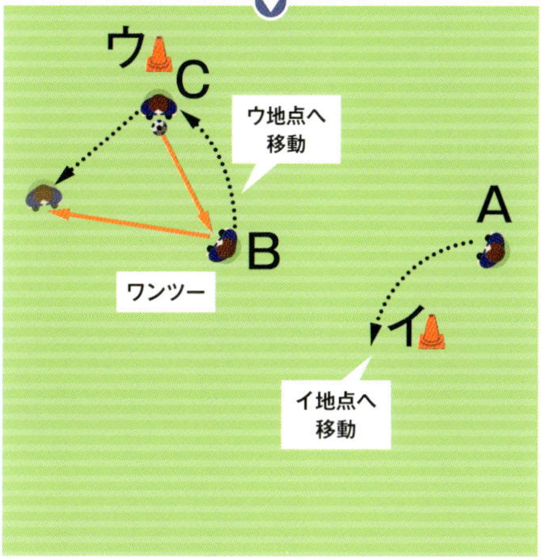

ポイント

ボールを出したら、動いてボールを受ける

ボールを出したら動くということを習慣づける。ボールの受け手のサポートに素早く入ることを意識するだけではなく、特に背後から駆け上がる際はボールを受けるときに声を掛け、タイミングを合わせてパスを呼び込む

ねらい

正確な長短のパスを身につける①

難易度	★★★☆☆
時　間	2～3分
回　数	ー
人　数	5人以上

≫ 強化する攻撃要素

ビルドアップ　崩し　ラストパス　フィニッシュ

Menu 008 ミドルレンジパス＆ショートパス

ショートパスだけでなく、ミドルレンジパスも取り入れた練習です。
ミドルレンジパスは低くて速いパスを心がけましょう。

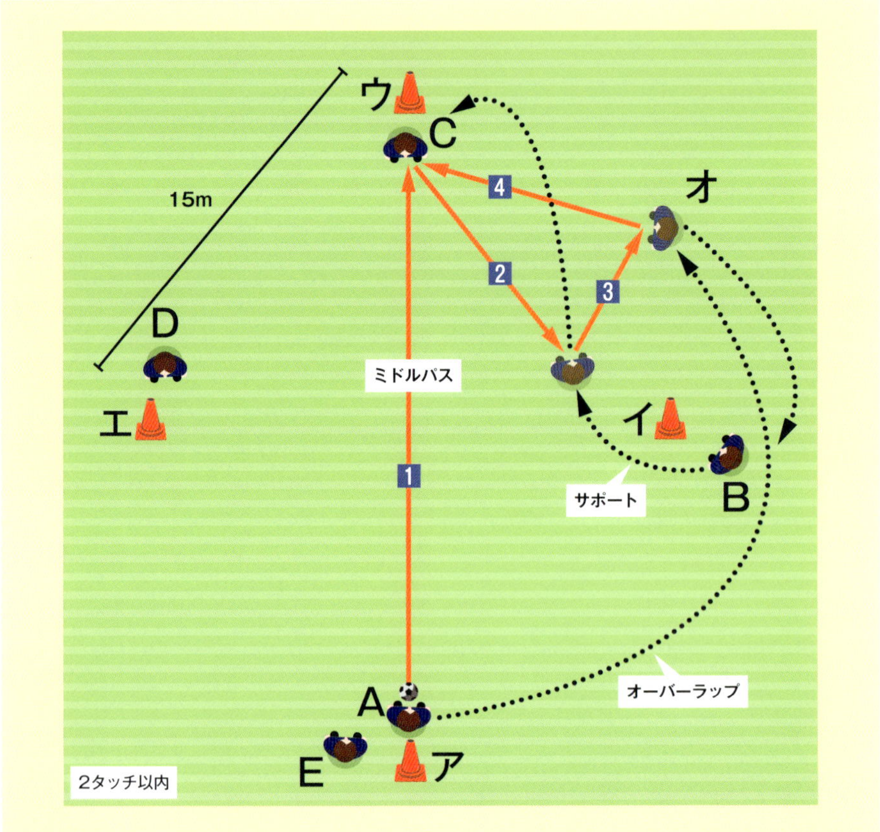

やり方

1. ひし形状にコーンを置き、それぞれに選手を配置する。A は C にミドルレンジパスを出し、そのままオ地点へと走り出す
2. C はサポートに入った B にパスを出す
3. B は走り込んだ A にパスを出し、ウ地点へと移動する
4. A は C にパスを出し、イ地点へと移動する
5. 反対側 (C ～ E) も同じ動きをして、パスを回していく

ポイント　低く速いパスを出す

AからCへ最初のパスは距離があるため、ミドルレンジパスをねらうことになる。試合では、山なりのボールは相手ディフェンスがボールの受け手に寄せる時間を与えてしまうため、インステップで低くて速いボールを蹴ることを意識する

Memo

インステップだと縦回転のボールになるので、受け手もコントロールがしやすい！

OK　低く速いパス

NG　山なりのパス

基礎技術トレーニング

ねらい

正確な長短のパスを身につける②

難易度	★★☆☆☆
時　間	2〜3分
回　数	ー
人　数	5人以上

» 強化する攻撃要素

ビルドアップ　崩し　ラストパス　フィニッシュ

Menu 009 ロングパス＆ショートパス

ショートパスとロングパスを組み合わせた練習です。
ロングパスはノーバウンドで相手に届かせることを目指しましょう。

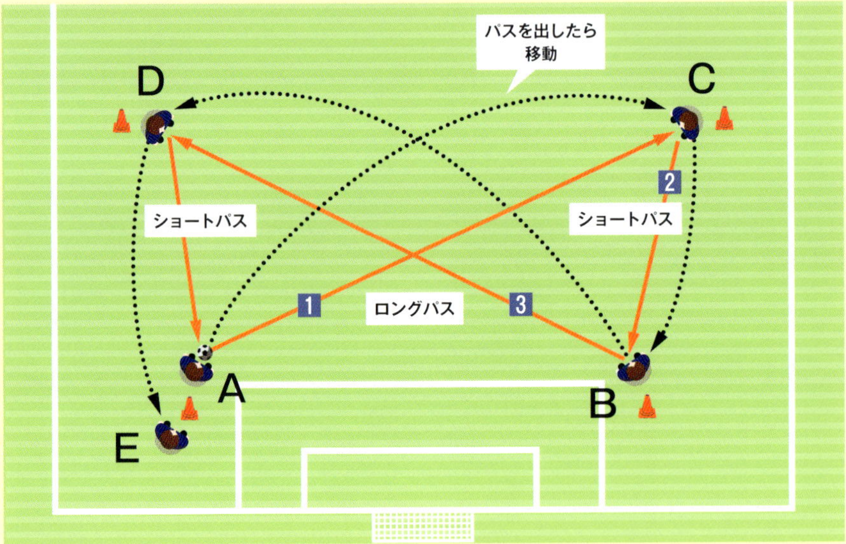

やり方

1. A は C にロングパスを出し、そのまま C がいる位置へと移動する
2. C はコントロールしてから、B にパスを出し、B がいる位置へと移動する
3. 反対側 (B、D) も同じ動きをして、パスを回していく

ポイント ノーバウンドでパスを出す

A から C、B から D へのパスはロングパスをねらうことになる。ボールをただ蹴るだけでなく、サイドチェンジをイメージしてノーバウンドでボールを届けることを意識する。ボールを受ける C と D は浮き球をしっかりとコントロールする

ねらい

クロスからシュートのパターンを身につける①

難易度	★★☆☆☆
時　間	5分
回　数	−
人　数	3人+GK1人

» 強化する攻撃要素

ビルドアップ / 崩し / ラストパス / フィニッシュ

Menu 010 サイドチェンジからのクロス＆シュート

今度はクロスからシュートまで持ち込みます。
1 人がクロスを上げて、ゴール前に走り込んだ 2 人がゴールをねらいましょう。

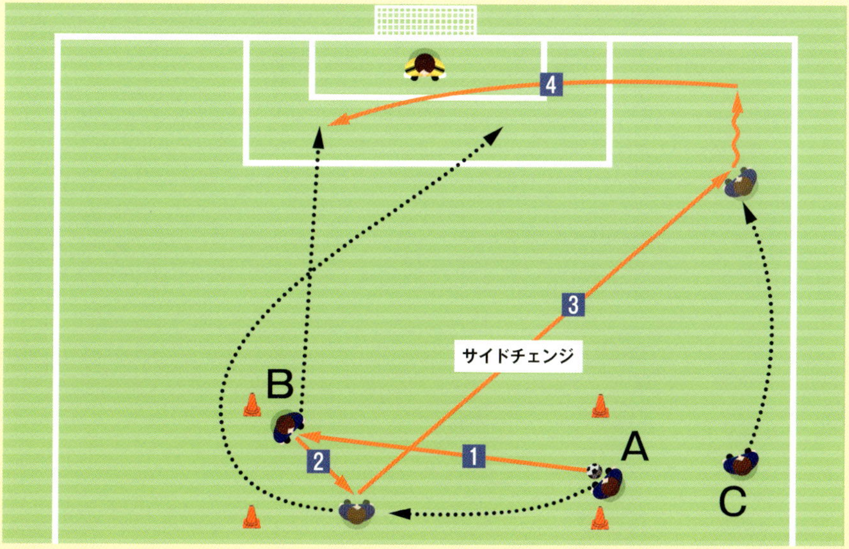

やり方

1. A は B にパスを出す
2. A は移動し B からの落としを遠い足でコントロールする
3. A はサイドを駆け上がる C へパスを出す
4. C がクロス。A と B がゴール前に走り込み、シュートをねらう
5. 逆サイドにも配置し、左右交互に行う

! ポイント 遠い足で受けて遠い足でサイドチェンジ

A は B からのリターンパスを受けるときに、右足でコントロールして右足でサイドチェンジのパスを出すことを意識する。左足でボールを受けると体が開いていないために視野が狭くなり、サイドチェンジを出しにくくなる

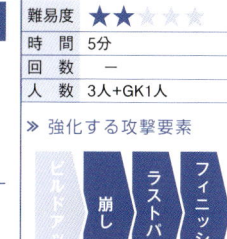

難易度	★★☆☆☆
時　間	5分
回　数	ー
人　数	4人+GK1人

ねらい

クロスからシュートのパターンを身につける②

» 強化する攻撃要素

ビルドアップ　崩し　ラストパス　フィニッシュ

Menu 011 サイドのコンビネーションからのクロス＆シュート①

サイドのコンビネーションからゴールをねらいます。
走り込む選手はニア、中央、ファーと広がり、クロスの選択肢を増やしましょう。

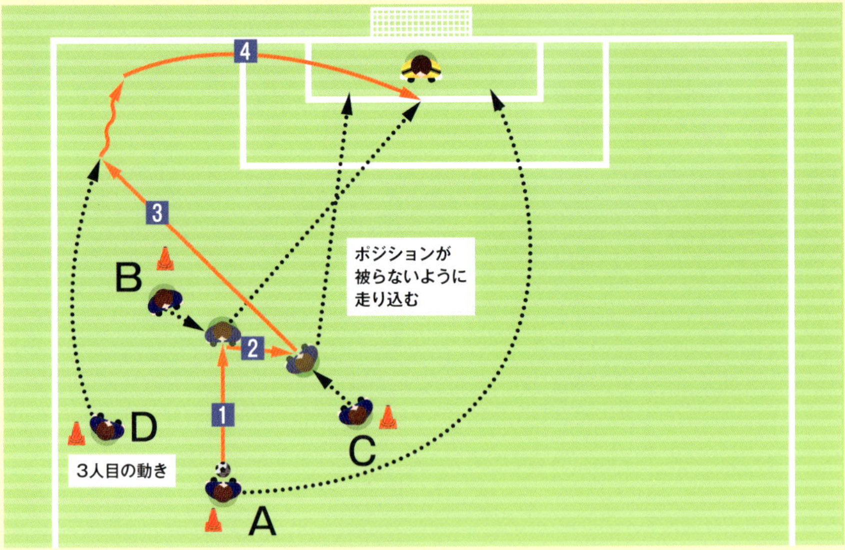

やり方

1 AはBにパスを出す
2 Bはワンタッチで Cにパスを出す
3 Cはサイドを駆け上がる Dにパスを出す
4 Dがクロス。A、B、Cがゴール前に走り込み、シュートをねらう
5 逆サイドにも配置し、左右交互に行う

! ポイント 同じ位置には走り込まない

Dが送るクロスにはA、B、Cの3人が走り込むこととなるが、全員が同じ位置に走り込まないように味方の動きを確認する。それぞれがニアサイド、ゴール中央、ファーサイドに走り込めば、クロスを上げるDの選択肢が増えることになる

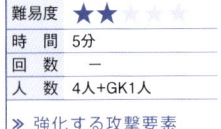

ねらい

クロスからシュートのパターンを身につける③

Menu 012 サイドのコンビネーションからのクロス＆シュート②

難易度	★★☆☆☆
時　間	5分
回　数	－
人　数	3人+GK1人

» 強化する攻撃要素

ビルドアップ　崩し　ラストパス　フィニッシュ

今度はバリエーションを変えて行います。
コーンをディフェンスと想定しながらクロスまでもっていきましょう。

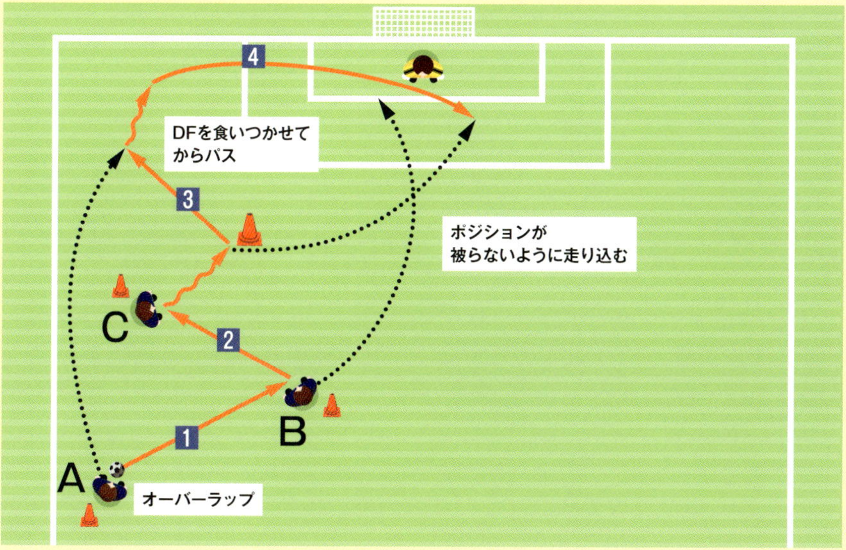

やり方

1. A は B にパスを出し、サイドを駆け上がる
2. B は C にパスを出す
3. C はコーン（DF）に向かってドリブルしたあと、サイドを駆け上がる A にパスを出す
4. A がクロス。B と C がゴール前に走り込み、シュートをねらう
5. 逆サイドにも配置し、左右交互に行う

！ポイント　相手を引きつけるイメージ

C はボールを受けたあと、コーンに向かってドリブルをするが、コーンをディフェンスに見立てる。後方から駆け上がる A がフリーになれるように、コーンにただ向かうのではなく、ディフェンスをより引きつけるイメージでドリブルをする

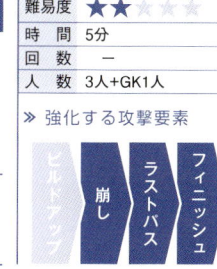

コラム 1

トレーニングを行ううえでの留意点

本書が取り上げるトレーニングメニューを行う際に考慮していただきたいのは、効率的に行うことです。たとえば、20 人の選手がチームにいて、Menu:18 のような練習を５人のグループで行うとします。その場合、グリットを４つつくり、選手が待っている時間をなくし、常にプレーさせるようにトレーニングをオーガナイズします。トレーニング中に修正点がある場合は、全員を１箇所に集めて、デモンストレーション等をしながら説明するのが良いでしょう。

また、Menu:11 のような、１組ずつ行い、待つ時間があるトレーニングの場合においても、１箇所につき３～４組に制限して、待ち時間を少なくする工夫が必要です。シュートして終わったら、ジョグをしてスタート地点に戻り、待っている組が１～２組になるようにして、待つ時間（レストの時間）を必要最低限にすることが理想です。人数が多い場合は、ゴールをもう１つ増やして２箇所で行うことで、トレーニング中のプレーの頻度が失われずに実施することができます。もし２つのゴールを使用して２箇所で行うスペースがない場合でも、逆サイドにも準備して１つのゴールに対して左右交互に行えば、スタート場所に配置するまでの入れかわりの時間を短縮することができます。

あまりに待ち時間が多いと選手の集中力は失われやすく、普段のトレーニングのテンポが試合でのプレーのリズムにそのまま影響されます。オーガナイズを工夫して、日頃から効率の良いトレーニングを意識して行うことが重要です。

第２章

サポートの動き

ボールを受ける動きの基本である、
サポートの動きを身につけるためのトレーニングを紹介します。

「サポートの動き」の重要性

「サポートの動き」とは？

» ボールホルダーに対して
パスを受けられるポジションに動くこと

» 次のプレーにスムーズに移行できる
ポジションに動くこと

なぜ必要？

» ボールを奪われずに前に運ぶためには
常に複数のパスコースが必要である

» 正しいポジション、正しいタイミングで
ボールを受けることはピッチ上の
どの場面でも不可欠となる

正しいボールの受け方を身につける

ドリブルはプレーに関与する選手が１人だけなので、ボールを確実に運ぶことができます。しかし、試合では対戦相手がいるため、自陣から１人でドリブルで持ち込んでゴールまで決めることはほぼ不可能です。そこで、より速くボールをゴールに近づけるにはパスが有効になります。プレーに関与する人数が増えるため、ミスの可能性こそ高くなりますが、優位な状況でボールを受けられるパスコースをつくり出しておくことで、ゴールにより近づく可能性を高められます。

パスコースをつくり出すために、ボールホルダーに対して味方の選手がボールを受けられるポジションやスペースに入ることをサポートと呼びます。サポートの人数が多くなればパスコースが増え、ボールホルダーに多くの選択肢を与えられるだけでなく、ディフェンスに的を絞らせずに攻撃を組み立てることができます。しかし、ボールホルダーの近くにポジションをただ取るだけでは、有効な攻撃にはつなげられず、ボールを失う危険性を高めるだけです。正しいポジションとタイミングでサポートに入るからこそ、パスはつながり、ゴールに近づくことができるのです。

この章では、ボールホルダーに対して、どのようなポジションやタイミングでサポートに入るかを選手に理解してもらうトレーニングを紹介していきます。オフ・ザ・ボールの動きの質を高めることで、ポゼッションサッカーの質を高めていきましょう。

サポートの動き

ねらい

的確な位置にサポートに入る意識づけ①

Menu 013 3対1のボールポゼッション（トライアングルの形成）

難易度	★
時　間	3分
回　数	2〜3本
人　数	4人

» 強化する攻撃要素

ビルドアップ　崩し

ピッチのどの局面でも重要になるサポートの動き。
まずはトライアングルをつくることを意識しながら、３対１でボールを回しましょう。

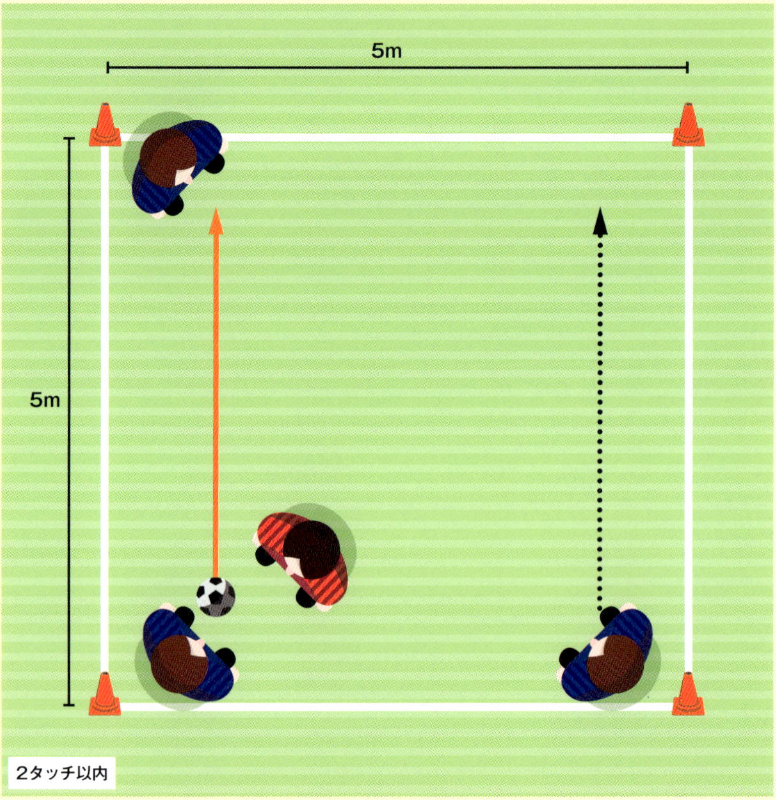

やり方

1. グリッド内にオフェンス３人とディフェンス１人を配置する
2. オフェンスはグリッドに沿って移動し、四隅でボールを受けながらパスを回す

トレーニング実施のポイント

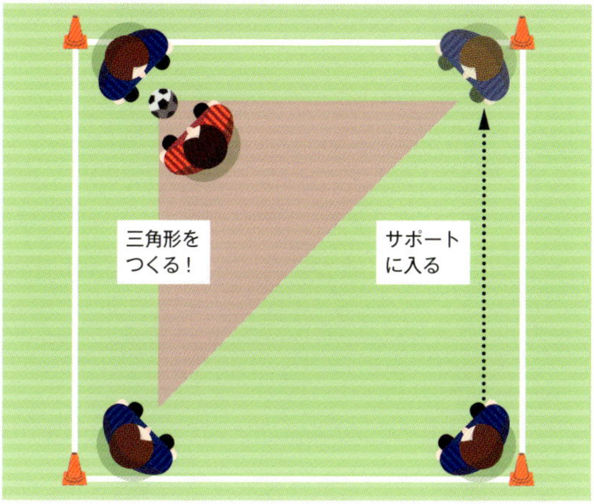

ポイント

三角形をつくる

ボールを持っている選手のパスコースが2つ生まれるように、ボールを持っていない選手は三角形をつくることを意識して左右にサポートに入る。味方と重なる位置にサポートに入ってもパスコースはひとつにしかならない

良い位置

悪い位置

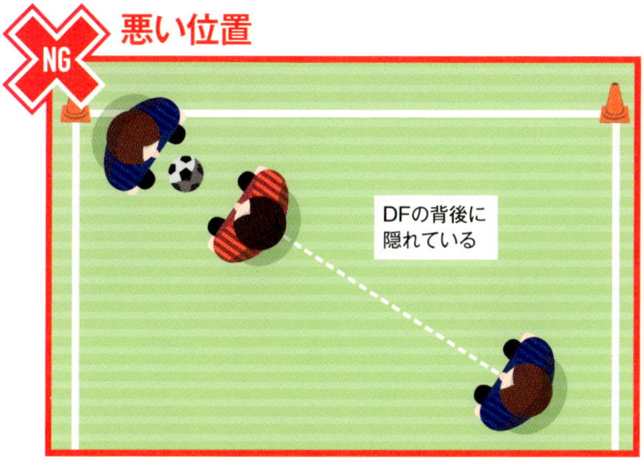

ポイント

ディフェンスの背後に隠れない

ボールを持っていない選手が、ボールを持っている選手とディフェンスとの延長線上にいると、ボールを受けられない。ボールを持っている選手とディフェンスの位置を確認してポジションを取る

指導者へのアドバイス

ボールの移動中にポジションを変える

ボールを持っている選手からパスが出たとき、サポートに入る選手が、ボールの移動中にパスを受けられる位置に素早く動いているかを確認する。スムーズにパスを回すためには、常にボールの動く先を予測し、良い体勢でボールを受ける準備をすることが大切になる。

ねらい

的確な位置にサポートに入る意識づけ②

Menu 014 3対1のボールポゼッション（サポートの角度）

難易度	★
時　間	3分
回　数	2〜3本
人　数	4人

» 強化する攻撃要素

ビルドアップ　崩し

同じく3対1だが、今度はパスを受ける位置の制限はなしで行います。
形は変わっても、角度をつけてトライアングルをつくる動きは同じです。

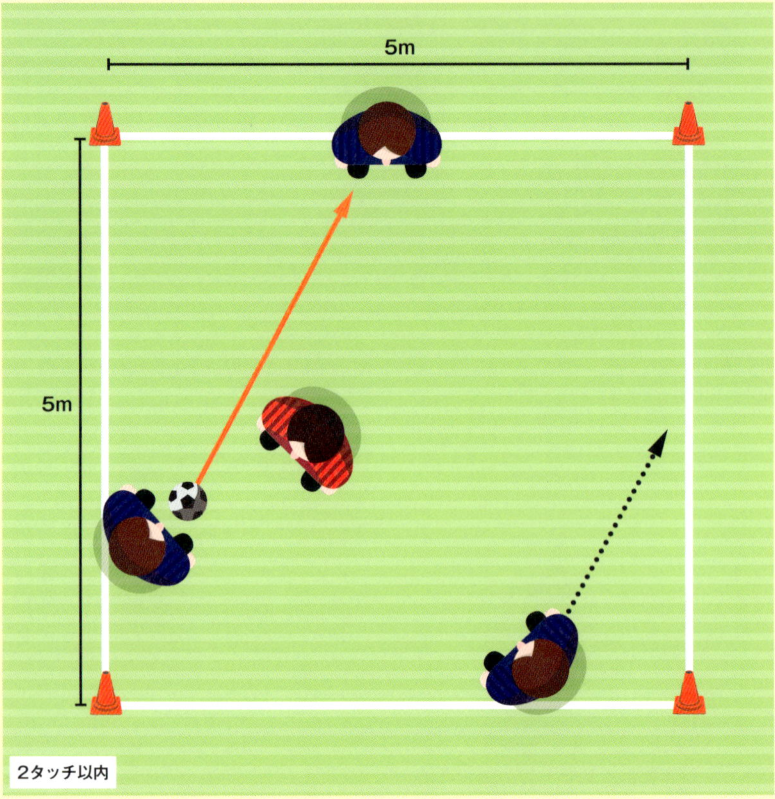

やり方

1. グリッド内にオフェンス3人とディフェンス1人を配置する
2. グリッド内を自由に動き、パスを回す

トレーニング実施のポイント

ポイント 角度をつけてサポートする

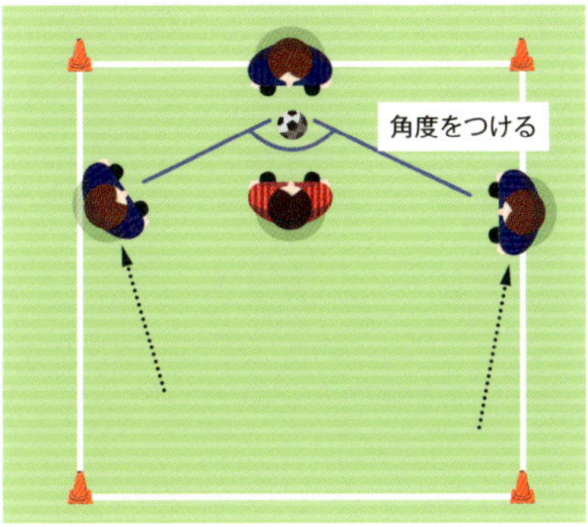

ボールを持っている選手に対して、角度をつけてサポートに入る。ボールを持っている選手とディフェンスの位置関係によって、角度を変える。角度がついていると、ボールの受け手は遠い足でボールをコントロールしやすく、視野も確保しやすい

ポイント

広い三角形をつくる

狭い中でボールを回すと、ディフェンスの寄せが早くなってプレーが制限されるので、大きな三角形をつくるように意識する。そうすると、ディフェンスとの距離を確保できて寄せを遅らせられる。三角形が小さくならないように、味方とディフェンスの位置を確認してポジションを取る

OK 広い三角形

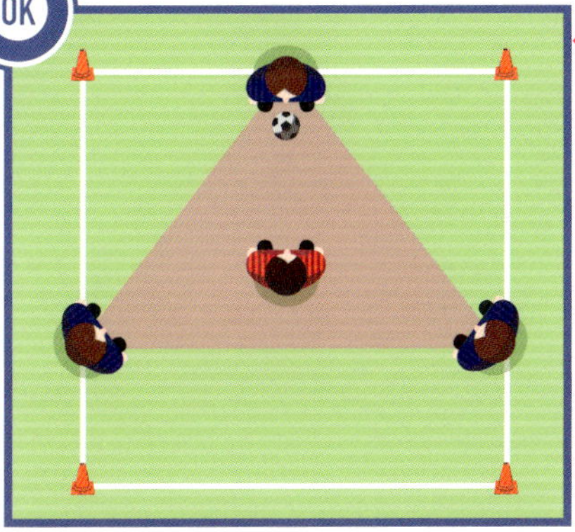

NG 悪い位置

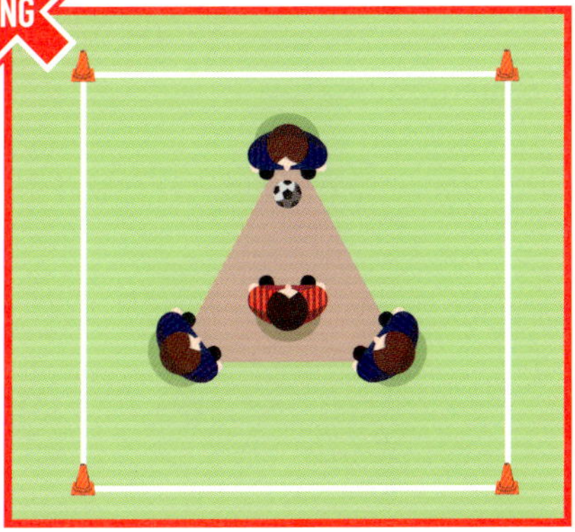

▲広い三角形で、余裕がある

▲三角形が狭く、DFも近い

サポートの動き

ねらい

縦パスを用いたサポートの意識づけ

難易度	★★
時　間	5分
回　数	2〜3本
人　数	6人

» 強化する攻撃要素

ビルドアップ
崩し

Menu 015 4対2のボールポゼッション（長方形グリッド）

人数を増やして４対２でチャレンジ。
長方形なので、横パスだけではなく、縦パスも意識してやってみましょう。

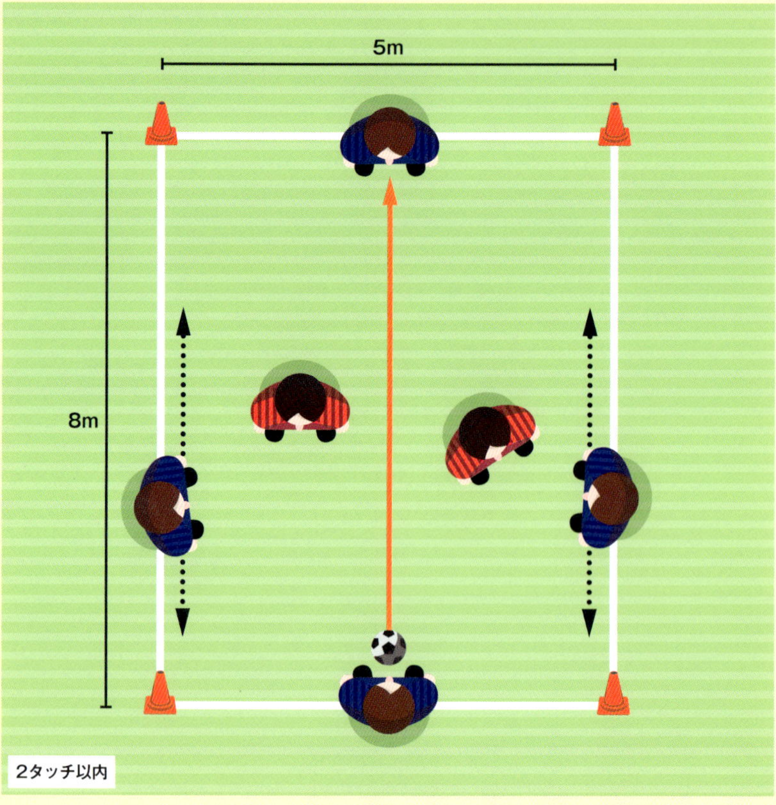

やり方

1. グリッド内にオフェンス４人、ディフェンス２人を配置する
2. オフェンスはグリッドに沿って移動しながら、パスを回す
3. オフェンスは誰にパスを出しても良い

トレーニング実施のポイント

ポイント　ボールを持っている選手を孤立させない

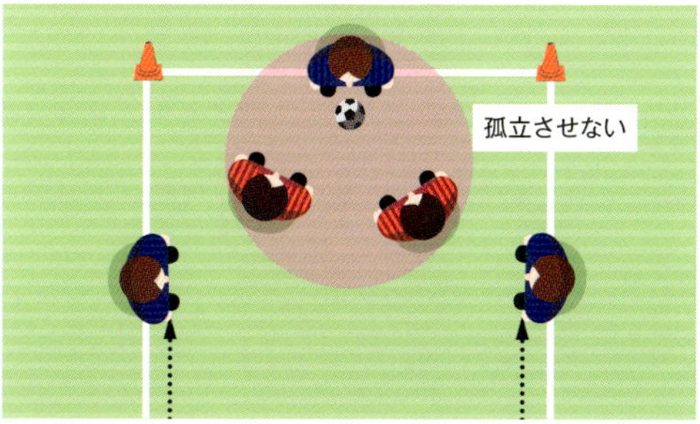

縦にパスが出たら、ボールの移動中に受け手のサポートに入る。グリッドが長方形でサポートの移動距離が長いため、サポートが遅いと受け手が孤立してしまう。サポートに入る選手は素早く判断してポジションを移動する

ポイント　縦パスを意識する

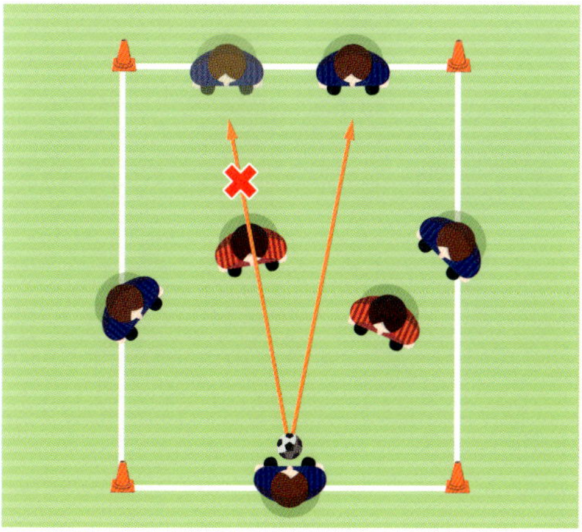

長方形の場合、短辺同士の選手間で通すパスが実戦での縦パスというイメージになる。縦パスは攻撃のスイッチとなるので、これを第1選択肢としてプレーする。ボールの出し手の判断だけでなく、2人のディフェンスの間にボールの受け手がポジションを取ることが重要になる。動きはもちろん、声を出してボールを呼び込むようにする

Arrange

長方形でなく正方形のグリッド

正方形のグリッド(6～7m 四方) にすれば、移動距離は短くなる。オフェンスの体力の消耗は少なくなるが、ディフェンスとの距離も短くなって、プレッシャーが厳しくなるので、難易度はより上がる。練習のテーマと選手のレベルによって、グリッドの幅を調整しよう。

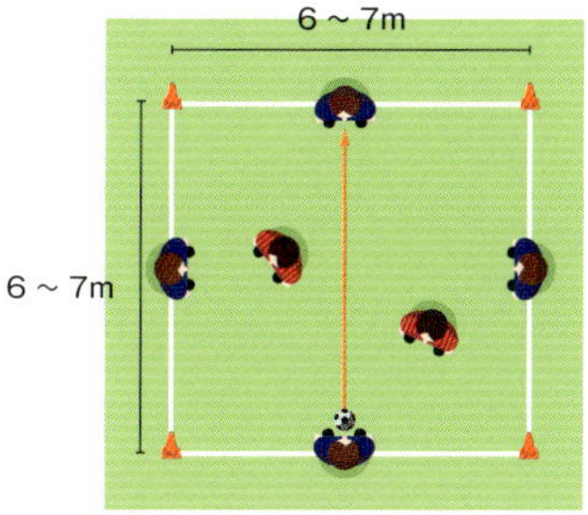

サポートの動き

ねらい

サポートの意識と受け方の工夫

難易度	★★
時　間	5分
回　数	2〜3本
人　数	8人

» 強化する攻撃要素

ビルドアップ　崩し

Menu 016 「2対2」+4のボールポゼッション

少し複雑な動きにステップアップ。
オフェンスとディフェンスが同じ人数なのでボールの受け方に気をつけましょう。

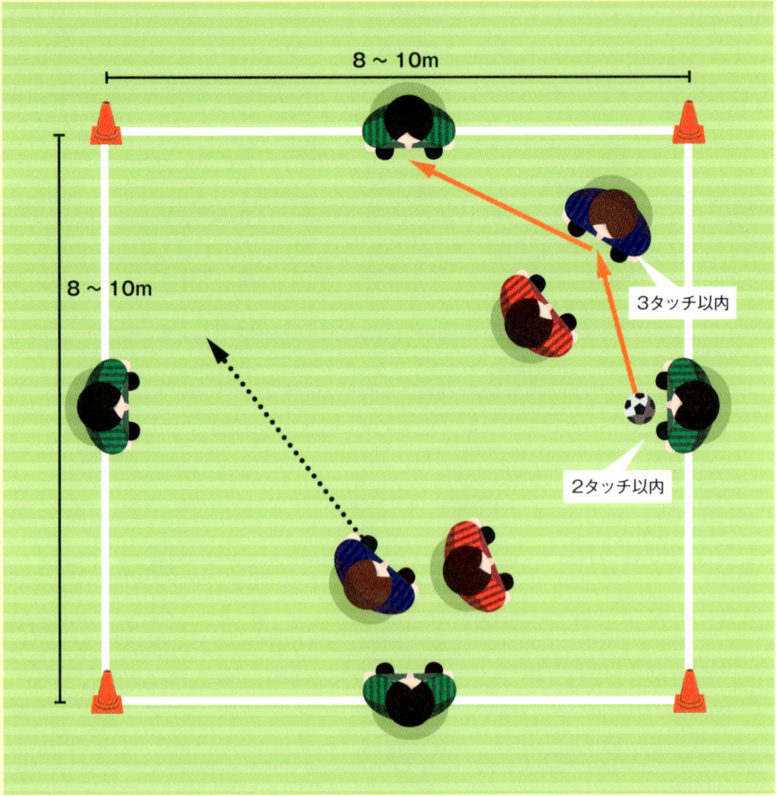

やり方

1. グリッド内にオフェンス２人とディフェンス２人、グリッド上にフリーマン４人を配置する
2. グリッド内の選手は自由に動けるが、フリーマンはグリッドのライン上しか動けない
3. グリッド内のオフェンスを経由しながら、パスを回す
4. グリッド内でのパス交換はOKだが、フリーマンからフリーマンへのパスはNG

トレーニング実施のポイント

ポイント ボールを受けられる状況かどうか確認

フリーマンのパスコースは、グリッド内にいるオフェンス2人への2つしかない。ディフェンスにパスコースを読まれやすく、パスをねらわれればボールを奪われる可能性が高くなる。グリッド内の選手がボールを受けられる状況かどうかをしっかりと確認することが大事。無理にパスを出さずに、ボールをキープしても構わない

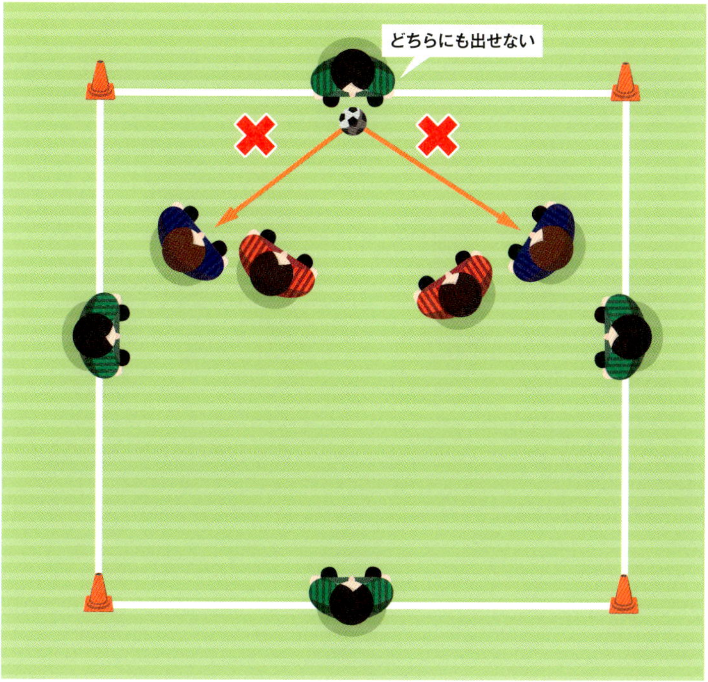

指導者へのアドバイス

ディフェンスの本気度も重要

ポゼッションの練習をするには、ディフェンスの本気度も重要になる。ディフェンスがしっかりとボールを追い、プレッシャーが強まることで練習の効果が高まる。ボールを奪ったらオフェンスとディフェンスの選手を入れかえるなど、ディフェンスのモチベーションを高く保てるようにしよう。

トレーニング実施のポイント

ポイント

ディフェンスのマークを外す

フリーマンはグリッド内のオフェンスの選手にしかパスを出せないので、ボールを受ける選手はディフェンスのマークを外す必要がある。相手選手と駆け引きをしながら、動き直しをしてフリーの状況をつくり出し、パスを受ける

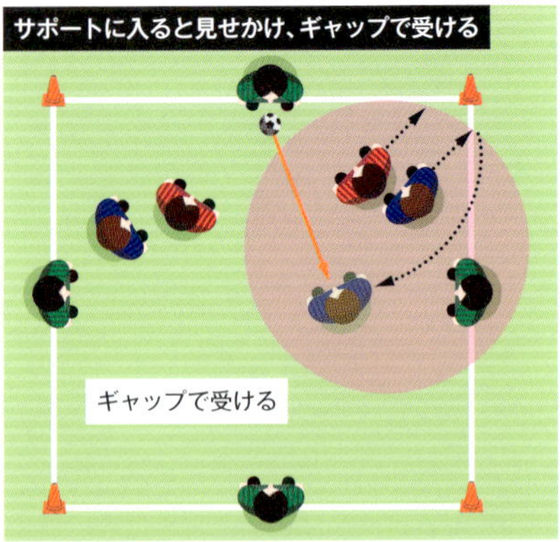

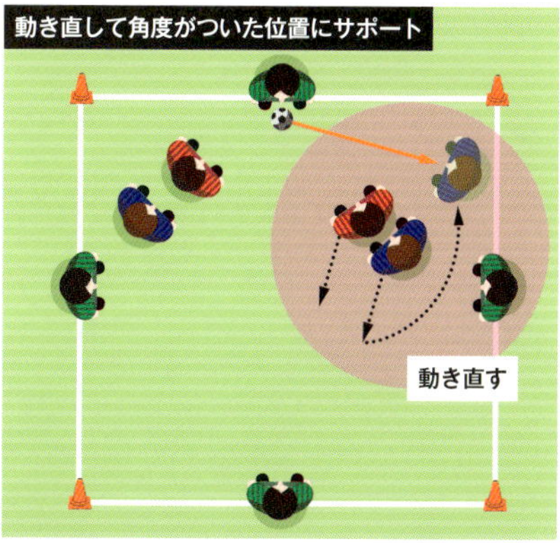

Memo

動き直す際は素早く。
スピードの変化をつけてマークを振り切る。

ねらい

味方の動きに応じてポジションを変える

難易度	★★★
時　間	3分
回　数	4本
人　数	8人

» 強化する攻撃要素

ビルドアップ　崩し

Menu 017 「3対3」＋2のボールポゼッション

次は攻撃方向を意識しての練習。
味方の人数も増えるので、パスを回しながら、どの位置に動くのが良いかを考えましょう。

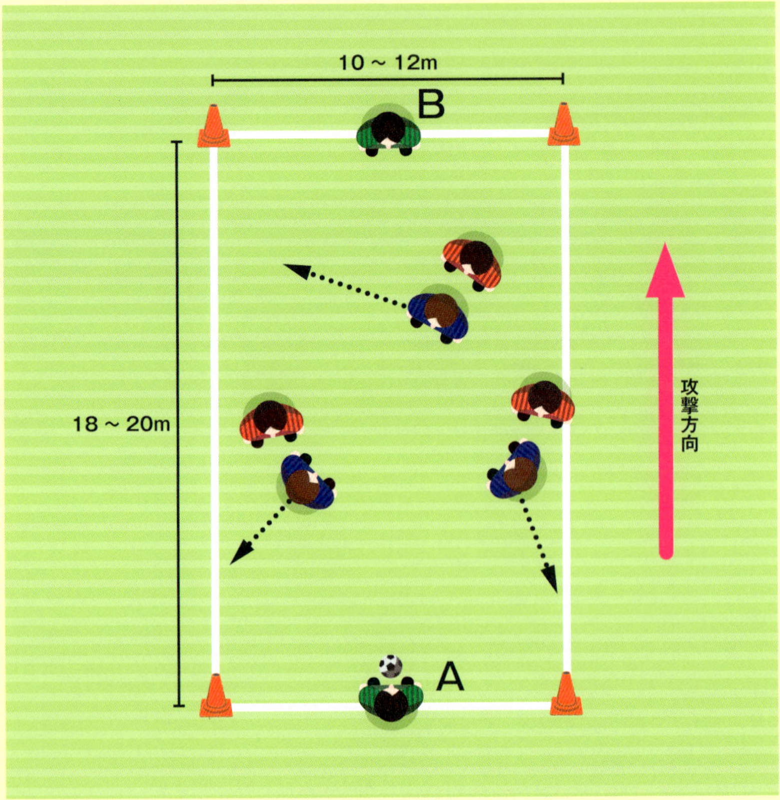

やり方

1. グリッド内にオフェンス３人とディフェンス３人、短辺のグリッド上にフリーマンを２人配置する
2. 攻撃側はＡからＢを目指し、パスを回す
3. グリッド内の選手は自由に動けるが、フリーマンはグリッドのライン上しか動けない
4. ボールを奪ったら攻守交代し、どちらかのフリーマンにボールを預ける

トレーニング実施のポイント

NG 動きが重なる

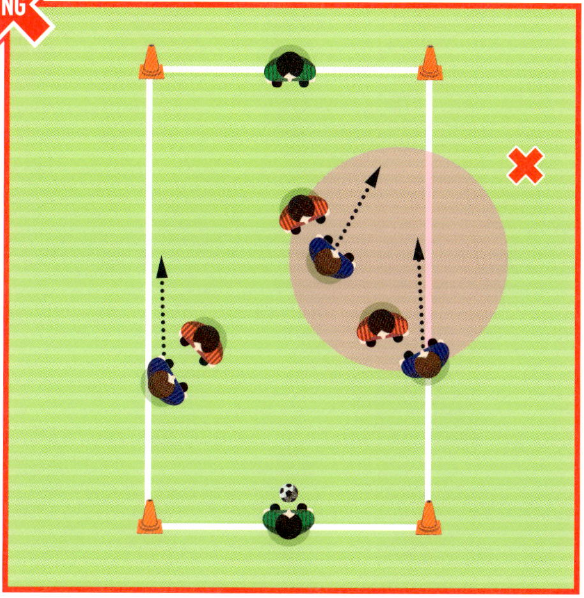

ポイント

味方の動きを確認する

フリーマンにボールを預けたときに、グリッド内の選手が同じ方向にサポートに入るとパスコースが限定されてしまう。味方の動きを確認して、フリーマンのサポートに入る選手とギャップをねらう選手とで、役割を分担させる

OK 役割を分担

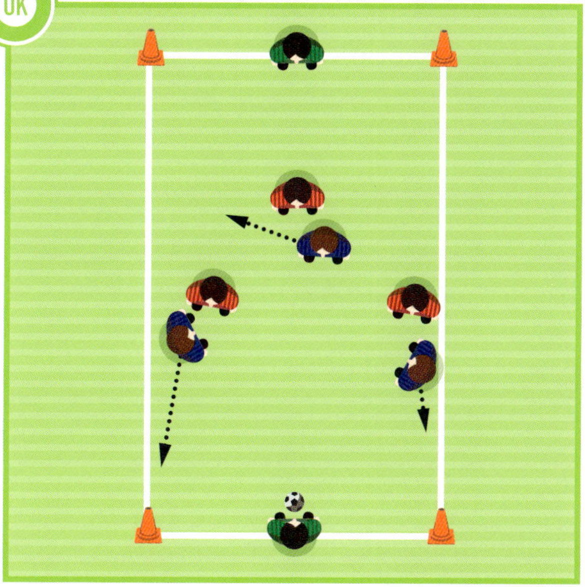

Memo

動く方向が被ってしまった場合、コミュニケーションを取り、お互いの意図をしっかりと確認して修正しよう。

トレーニング実施のポイント

ポイント

攻撃の意識を持つ

フリーマンにボールが渡ったら、今度は逆方向のフリーマンを目指すことで攻撃をイメージできる。サッカーの最終目的はポゼッションすることではなく、ゴールを奪うことなので、前への意識を持つようにする

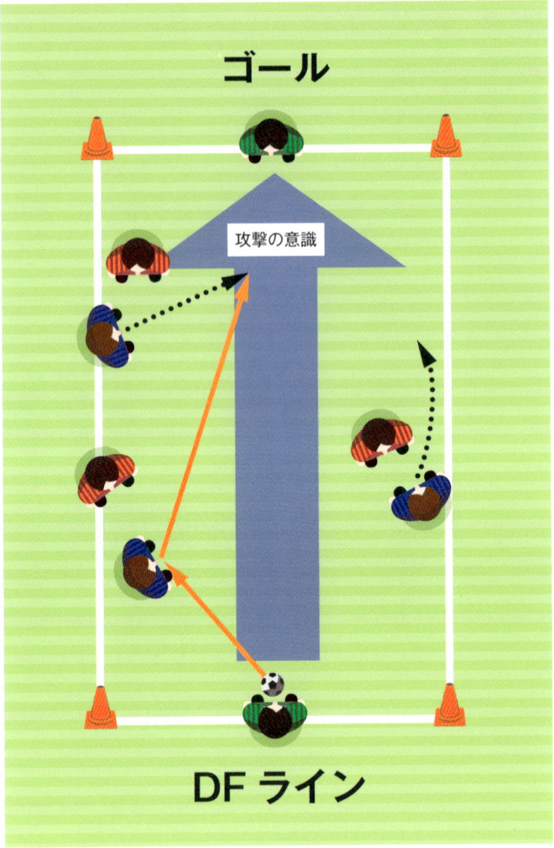

Memo

攻守の入れ替わりはかなり激しい。動きを止めないように！

ポイント

フリーマンは指示を出す

フリーマンは、オフェンスとディフェンス両方の動きが把握できる位置にいる。受け手の動きに合わせてパスを出すことも大事だが、自らも全体の状況を見て積極的に声を掛け、動きを指示する

▶フリーマンはわかりやすい色のビブスを着ると良い

指導者へのアドバイス

フィジカルトレーニングも意識する

数的同数での練習なので、絶えず動く必要がある。ボールを奪ったら攻守交代となるためすぐに動き直す必要もあり、持久力のフィジカルトレーニングにもつながる。ただし、ボールの受け方や駆け引きの基本的な動きができていないと、ただの走りのトレーニングになってしまうので、練習のねらいははっきりと伝えよう。

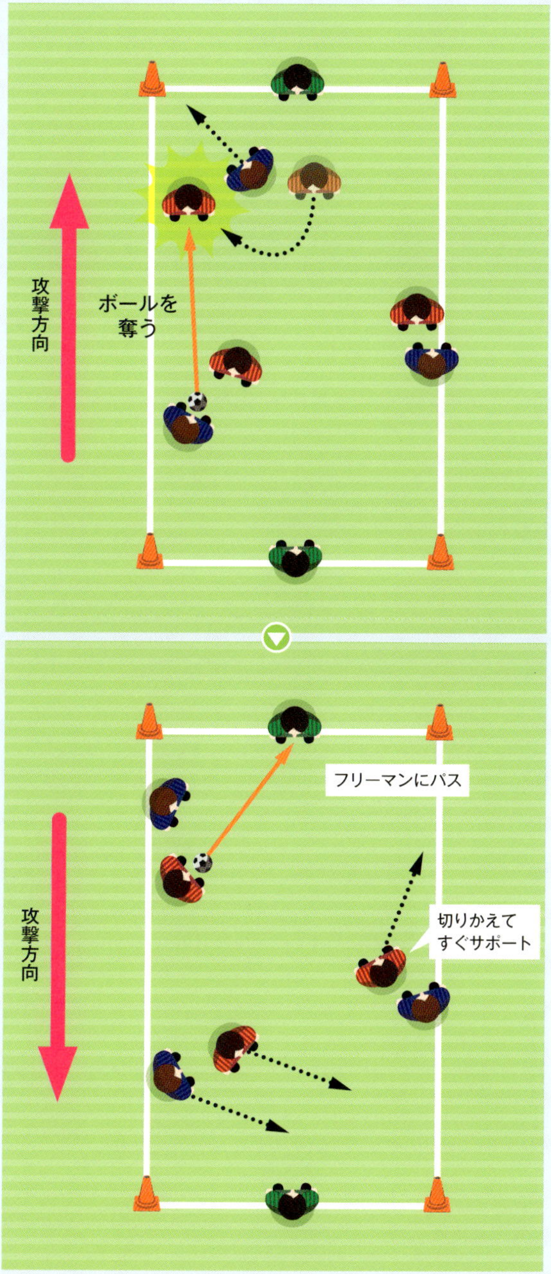

Memo

フィジカル面の効果も考えて練習メニューを組む。それが徳永流！

コラム 2

プレーモデルの構築

プレーモデルとは、「どのような選手を育てるのか？　どのようなプレースタイルをチームに求めるか？　それにはどのようなシステムでプレーするか？　選手にどのようなプレーを求めるのか？」という問いをもとに、クラブと指導者の、哲学やビジョンによって構築されるものです。

プレーモデルをピッチ上で実現するためには、「フィジカル的にどのような能力が必要か？　どのような技術を身につけなくてはならないのか？　どのような戦術を身につけるべきなのか？」について強調すべき部分をそれぞれ考えて、実際のトレーニングメニューに落とし込み、プレーモデルを浸透させていくことが重要です。このプレーモデルがないと、何のためにトレーニングをしているのか選手はわかりませんし、日常のトレーニングが漠然としたものになってしまいます。トレーニングにプレーモデルが反映されていると、トレーニングにリアリティが加わり、より実戦的になります。

私の場合は、「破壊」する側ではなく、プレーを「創造」する選手を育成したいと考えております。そして、「ボールを保持してゲームを支配する、ポゼッションスタイルで攻撃的なサッカー」というプレーモデルを掲げています。

第3章

ギャップを使う

局面を打開する手段である、
ギャップを使う方法を身につけるための
トレーニングを紹介します。

「ギャップを使う」ことの重要性

「ギャップを使う」とは？

» ギャップ（ディフェンスとディフェンスの間）へパスを通すことで、オフェンスに優位な状況をつくり出すこと

なぜ必要？

» ギャップにパスが通れば複数のディフェンスを一気に置き去りにして攻撃ができる

» ディフェンスがギャップを警戒して中央に寄れば、他のスペース（特にサイドのスペース）を有効に使うことができる

ギャップを使って守備組織を崩す

　ギャップ（ディフェンスとディフェンスの間）にパスを通すことは、相手の守備組織を崩すうえで有効なプレーの１つです。ギャップに通すことで一気に相手ディフェンス２人を置き去りにでき、優位な状況をつくり出せるからです。しかし、対戦相手もギャップを突かれないように警戒して守備をするため、試合中にギャップを簡単に突くことはできませんし、パスをむやみに通そうとすれば、逆にボールを失ってしまうでしょう。

　ギャップを通す上で重要なのは、ギャップを生み出すだけでなく、広げることです。左右にパスを回しているだけでは、相手守備のギャップを容易には広げられませんが、その揺さぶりの速度を上げた上でオフ・ザ・ボールの動きを加えることにより、攻撃側が主導権を握ってギャップを広げることができます。つまり、ボールを持っていない選手の状況判断や動き出しが重要になるというわけです。

　この章では、相手ディフェンスの選手間の距離を広げてギャップを使うための一連のトレーニングを特に取り上げています。ボールを持っていない選手が相手の注意を引きつけてギャップを生み出すだけでなく、ボールの受け手となる選手がギャップに顔を出してボールを呼び込むことが、相手の守備組織を崩すことにつながります。

難易度	★★
時　間	1.5分
回　数	5本
人　数	5人

» 強化する攻撃要素

ビルドアップ　崩し

ねらい

ギャップを通す意識づけ

Menu 018 「2対2」+1のボールポゼッション

まずは少人数で、ディフェンスの間にパスを通す意識づけを行う練習。
ギャップを通す感覚を身につけましょう。

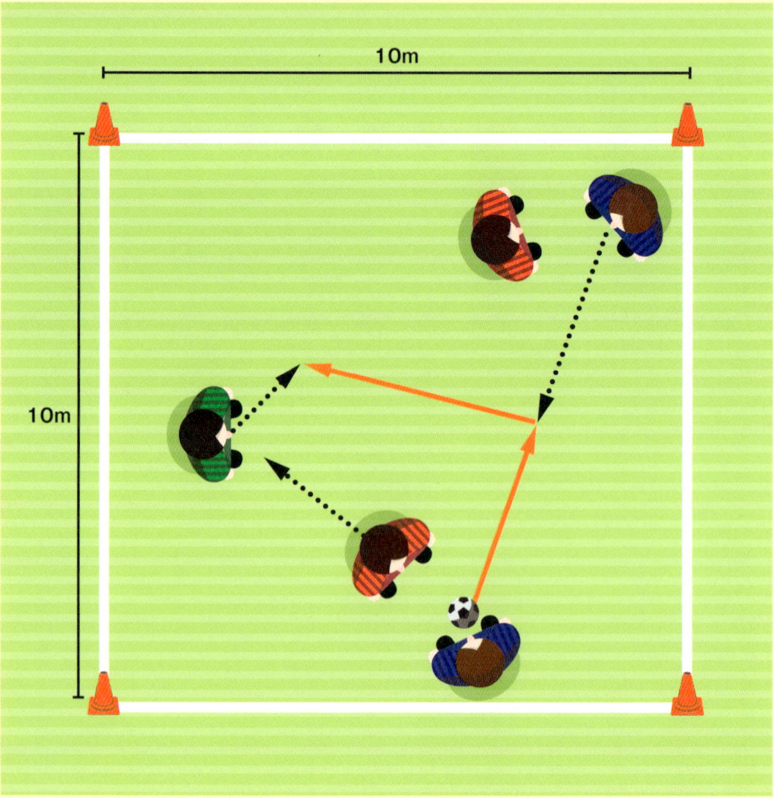

やり方

1 グリッド内にオフェンス２人とディフェンス２人、フリーマン１人を配置する
2 グリッド内を自由に動くことができる
3 オフェンスはギャップにパスを通すことを意識しながらパスを回す

トレーニング実施のポイント

ポイント ディフェンスラインに対して垂直に入る

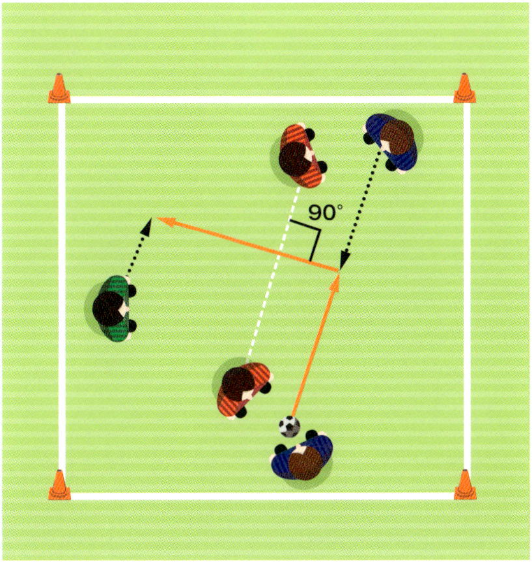

ギャップに通すパスを成功させるには、出し手と受け手がともにディフェンスラインに対して垂直な位置にポジションを取ることが重要になる。特に受け手の選手は、積極的にギャップに顔を出してパスを呼び込むことを意識する

ポイント ドリブルもOK

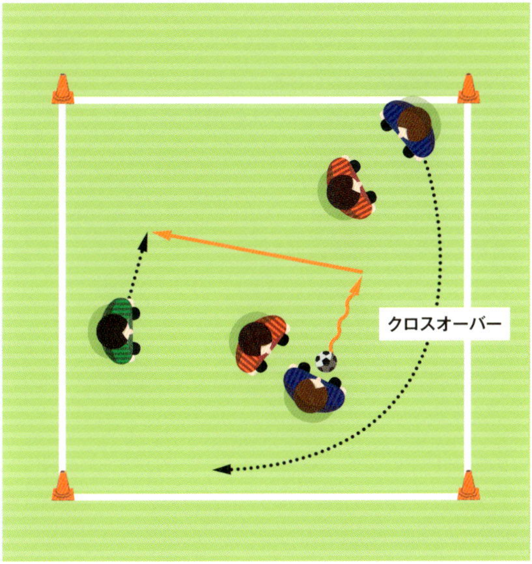

ボールを持っている選手がドリブルでボールを運んで、そのままギャップにパスを通すことも選択肢のひとつなので、状況に応じて使い分ける。ボールを持っていない選手はそのままの位置にいるとボールホルダーとの距離が近づいてしまうので、クロスオーバーをしてパスコースを生み出す

クロスオーバーとは⁉

味方同士が交差して逆方向に動くこと。この動きにより、ディフェンスの対応が遅れて混乱が生まれるので、マークを振りきる際などに有効！

ギャップを使う

ねらい

ボールを受けたあとのプレーの移行

難易度	★★
時　間	1.5分
回　数	5本
人　数	5人

» 強化する攻撃要素

ビルドアップ　崩し

Menu 019 「2対2」+1のボールポゼッション（ラインゴール）

ギャップを通した次のプレーを意識した練習にチャレンジ。
フリーマンは素早いターンでラインゴールを目指しましょう。

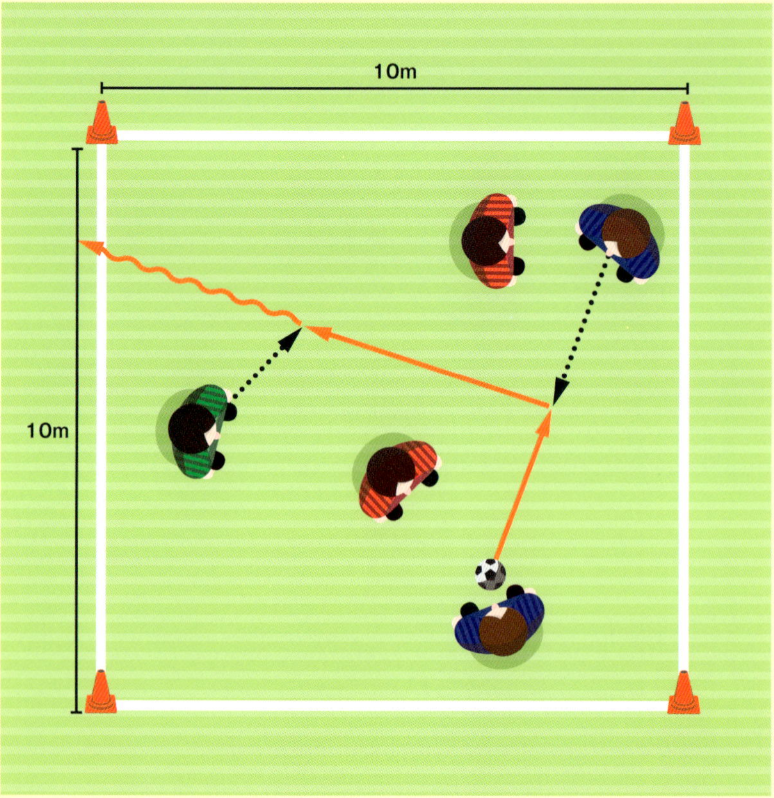

やり方

1. グリッド内にオフェンス２人とディフェンス２人、フリーマン１人を配置する
2. グリッド内は自由に動くことができる
3. ギャップを通ったボールを受けたら、近くのラインをドリブルで通過する
4. ドリブルでラインを通過したら攻守交代

トレーニング実施のポイント

ポイント　ボールを受けたあとのプレーを意識

ギャップを通ったボールを受けた選手はドリブルでラインを通過しなければならないため、ファーストタッチでターンすることが重要になる。新たな局面に向かう意識がなければ、ポゼッションするだけで終わってしまう

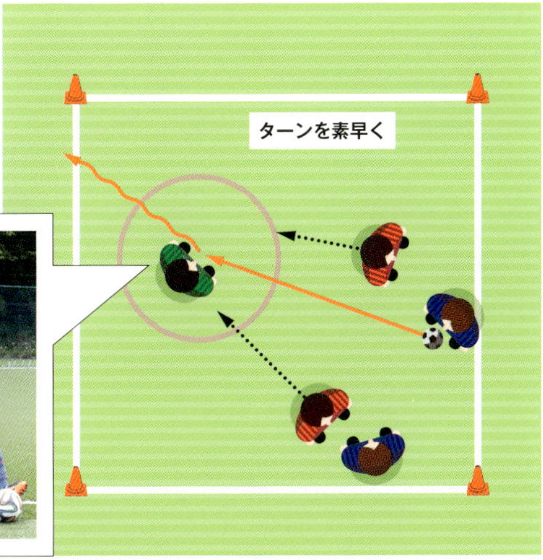

NG　狭い三角形

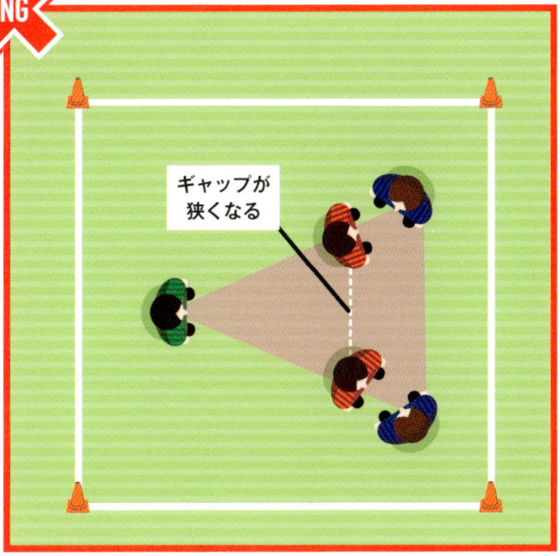

ポイント

大きな三角形でディフェンスを広げる

フリーマンを含めたオフェンスの3選手の距離が近いと、ギャップが生まれにくい。大きな三角形をつくるイメージでポジションを取り、ギャップが生まれるように意識する

指導者へのアドバイス

得点を競わせる

ドリブルでラインを通過したら1点として、時間内で得点を競わせてもいい。ディフェンスがギャップを警戒して縮こまることがあるので、パスを10本通したら1点というルールを設け、ディフェンスが積極的にボールを奪いに行く状況をつくろう。

ギャップを使う

ねらい

縦パスを出す意識づけ

難易度	★★
時　間	1.5分
回　数	5本
人　数	9人

» 強化する攻撃要素

ビルドアップ　崩し

Menu 020 6対3のツーコートのボールポゼッション

今度はゾーンを３つに分けた変則的な練習。
ディフェンスラインからの縦パスをイメージしながらやってみましょう。

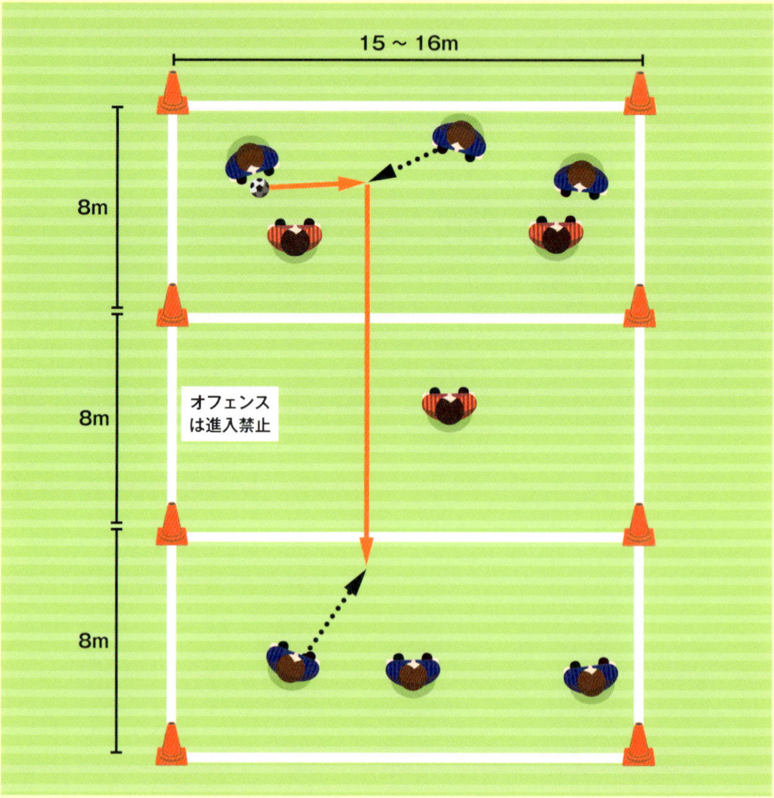

やり方

1. ピッチを３分割し、図の上と下のゾーンにオフェンスを３人ずつ配置する。ディフェンスはフリーポジションで３人入れる
2. 上のゾーンから下のゾーン、下のゾーンから上のゾーンにパスを通す
3. オフェンスは真ん中のゾーンに入ってはいけない

トレーニング実施のポイント

ポイント　強い縦パスを打ち込む

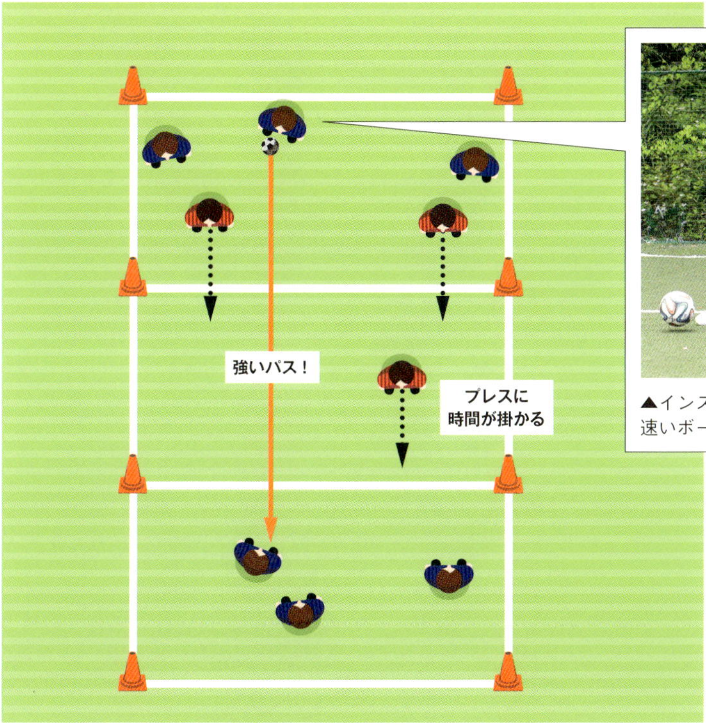

▲インステップで低く
速いボールを蹴る

横パスを出しているだけでは局面は変わらないので、タイミングを見て縦パスを入れることが重要になる。加えて、強い縦パスを打ち込むことにより、ディフェンスが逆サイドの選手にプレッシャーを掛けるまでの時間を稼げる

指導者へのアドバイス

受け手ゾーンの選手の動きに注意

ボールを持っている側のゾーンの選手がパスを回している間、反対側のゾーンの選手は、ただ待っているだけではいけない。状況を見ながら細かく動いて顔を出したり、声を出してボールを呼び込んだりしているかを確認しよう。足を止めている選手がいないか、効率良くトレーニングが行えているかを広く観察することは、コーチの役割としてとても大切になる。

Memo

利き足だけでなく、逆足でも強いパスを出せるように！

トレーニング実施のポイント

ポイント ゾーンの幅を有効利用する

攻撃側の3人がゾーンの中で近づき過ぎてしまうと、ディフェンス間のギャップも広がらないので、パスコースが生まれにくい。与えられたゾーンの幅を有効に使って、幅広くポジションを取ることを意識する

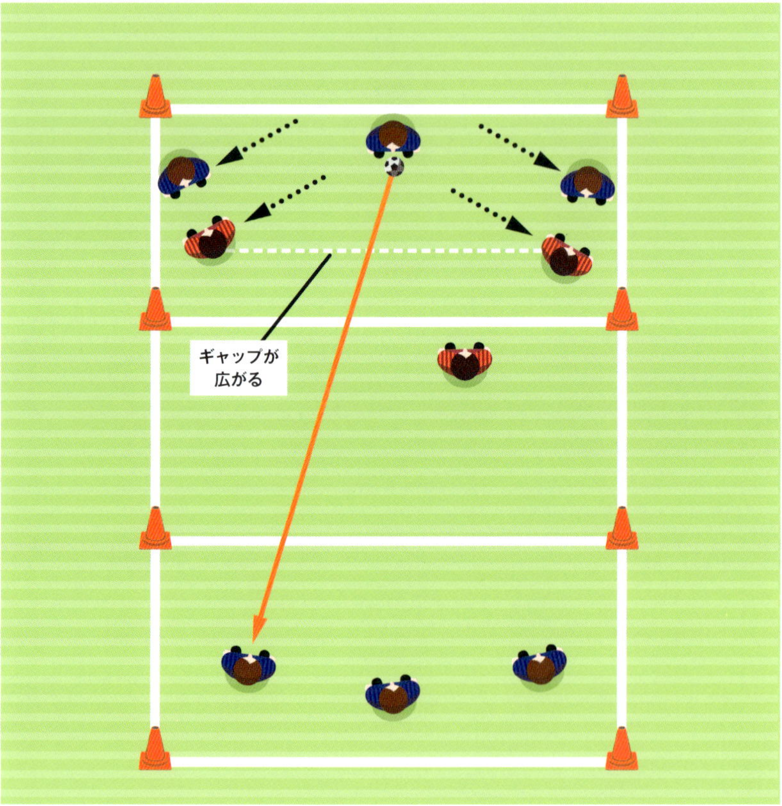

指導者へのアドバイス

タッチ数の制限は柔軟に

このメニューでは、ディフェンスの動きはダイナミックになるが、オフェンス側はそこまでの運動量を求められない。選手が練習に慣れてきたら、タッチ数をたとえば3タッチや2タッチに制限して、プレー判断のスピードを養うなど、工夫を加えてみよう。

ポイント 実戦をイメージする

最終ラインから中盤へ、中盤から前線へと、次のラインの選手に対してボールを入れるイメージをつける。実際のゲームでも、横パスをつなぎながら、局面を打開するために1列前もしくは最前線の選手に縦パスを入れるシーンはよくある。最終的には11対11の実戦につながるという意識を持ちながらプレーする

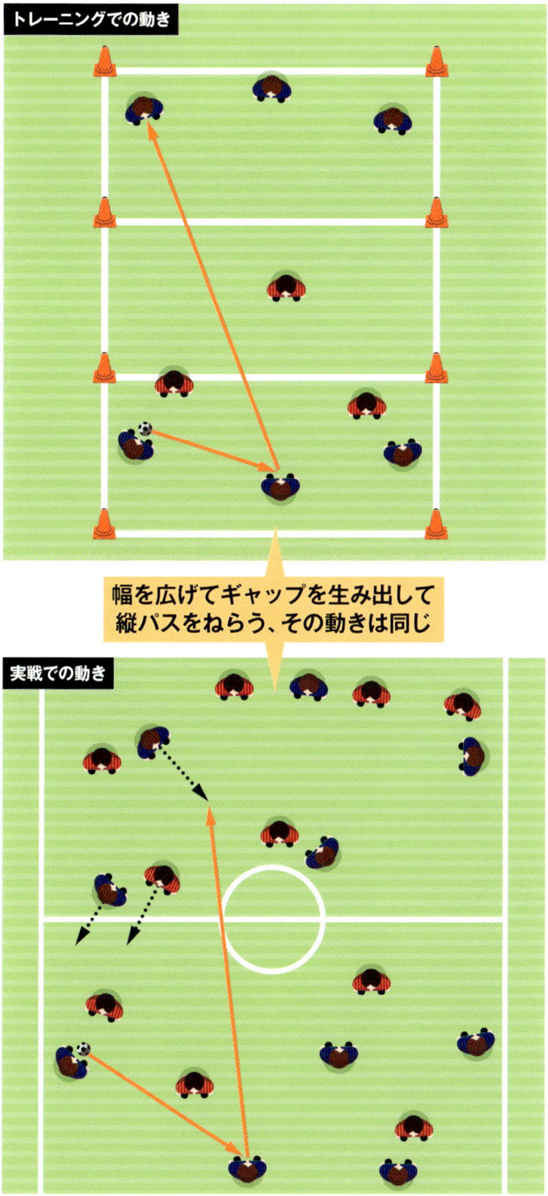

トレーニングでの動き
幅を広げてギャップを生み出して
縦パスをねらう、その動きは同じ
実戦での動き

11対11の実戦で縦パスが通れば、一気に攻撃のスイッチが入る

ギャップを使う

ねらい

半身でボールを受けるクセをつける

難易度	★★
時　間	5分
回　数	3本
人　数	8人

» 強化する攻撃要素

ビルドアップ　崩し

Menu 021 5対3のボールポゼッション

３人のディフェンスの間に味方を置いてパス回し。
半身でボールを受けて、味方と相手の状況をしっかりと確認することが大切です。

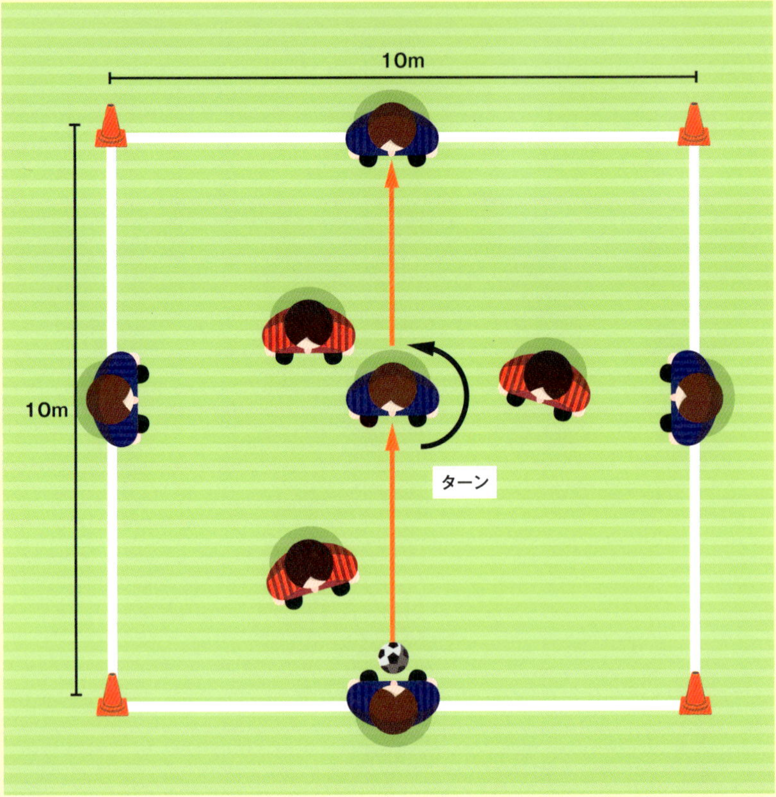

やり方

1. グリッドライン上にオフェンス４人、グリッド内にオフェンス１人とディフェンス３人を配置する
2. ライン上のオフェンスはライン上のみを移動し、グリッド内の選手を使いながらパスを回す
3. グリッド内の選手は自由に移動できる
4. パスは誰に出しても構わないが、グリッド内の選手は積極的にターンをして反対側へのパスをねらう

トレーニング実施のポイント

ポイント　リターンパスは出さない

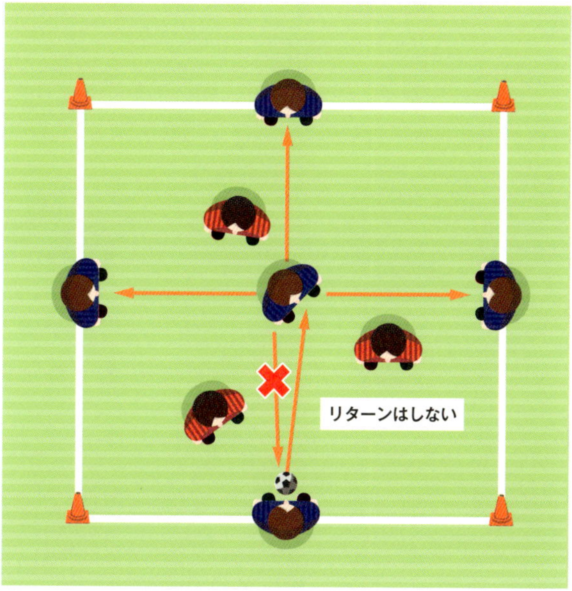

リターンパスは禁止ではないが、リターンパスばかりでは局面を打開できない。半身でボールを受けて味方の選手とディフェンスの位置関係をしっかり確認し、リターンパス以外のパスが出せるときは積極的にねらう

指導者へのアドバイス

ターンの重要性

ディフェンスの寄せが甘いようなら、積極的にターンをして反対側へのパスをねらうことを意識させよう。パスを受ける前にボールから一瞬だけ目線を切り、首を振って状況を確認できるかが重要になる。周りを確認せずに無理やりターンしようとするとディフェンスとクラッシュすることがあるので注意する。

ねらい

ピッチの幅と深さを使う

難易度	★★
時　間	5分
回　数	3本
人　数	11人

» 強化する攻撃要素

ビルドアップ　崩し　ラストパス

Menu 022 「4対4」＋3のボールポゼッション

次は人数を増やして実戦に近づけた形で。
ピッチの幅と深さを有効に使う感覚を意識しながらやってみましょう。

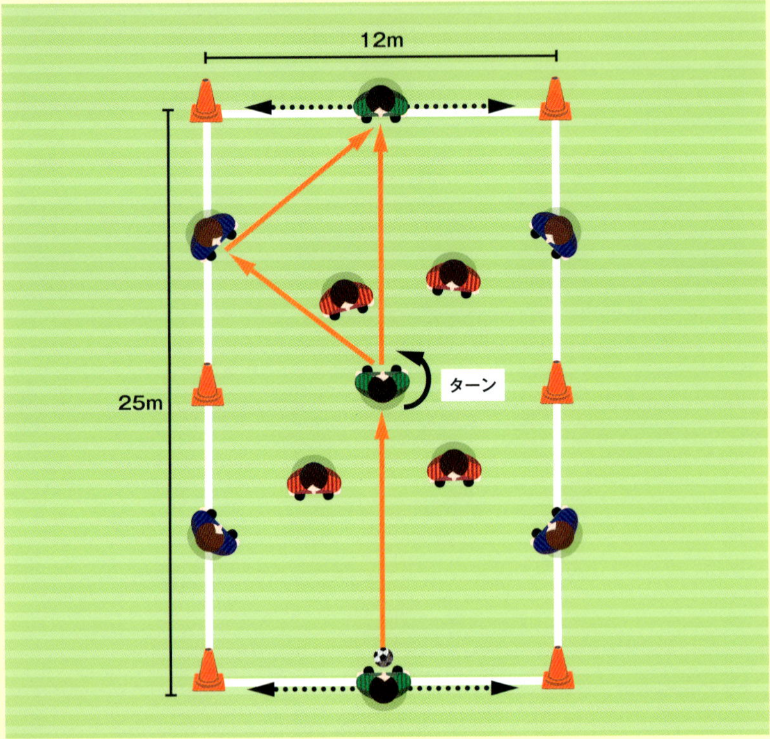

やり方

1 図のように、短辺上にフリーマンを１人ずつ、長辺は２分割して辺上オフェンスを２人ずつ、グリッド内にはフリーマン１人とディフェンス４人をそれぞれ配置する

2 短辺のフリーマンからスタートし、反対側の短辺を目指し、パスを回す

3 グリッド内の選手は自由に移動できるが、それ以外の選手はライン上のみを移動する

4 パスは誰に出しても構わないが、グリッド内のフリーマンはリターンパスはできない

5 ボールを奪ったら攻守交代。フリーマンにボールを預けて、ディフェンス４人は長辺のポジションに１人ずつ入る

トレーニング実施のポイント

ポイント ピッチの幅と深さを意識する

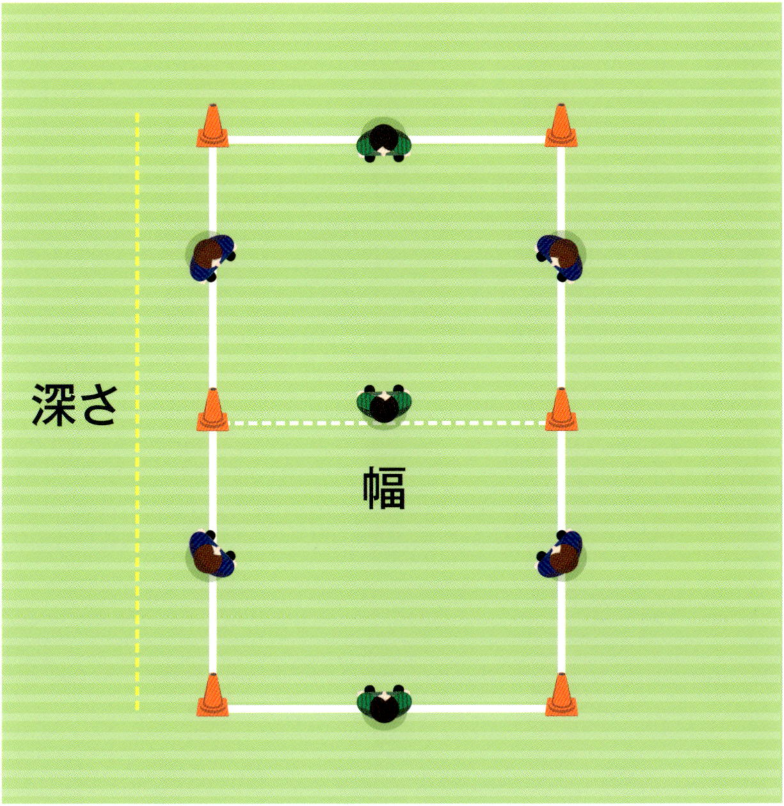

ピッチを目いっぱい使うことでディフェンスの間の距離を広げられる。ピッチの幅と深さを有効に使い、フリーマンがパスを受けるための空間をつくり出すイメージを持つ

Memo

ディフェンスの間に生まれる空間でボールを受けたら積極的にターンをする！

幅と深さとは⁉

「ピッチの幅と深さを使え」との言葉はポゼッションサッカーを志向するチームでは重要なキーワードになる。ピッチの幅とは横幅、深さとは縦幅のことを指す。幅と深さを使うメリットは、選手が上下左右に広がるために、マークする相手ディフェンスの幅も広がり、選手間の距離が開くことになる。つまり、ギャップが多く生まれるのである。これによってできたスペースを使いながら、ゴールを目指す。

トレーニング実施のポイント

ポイント 素早い攻守の切りかえ

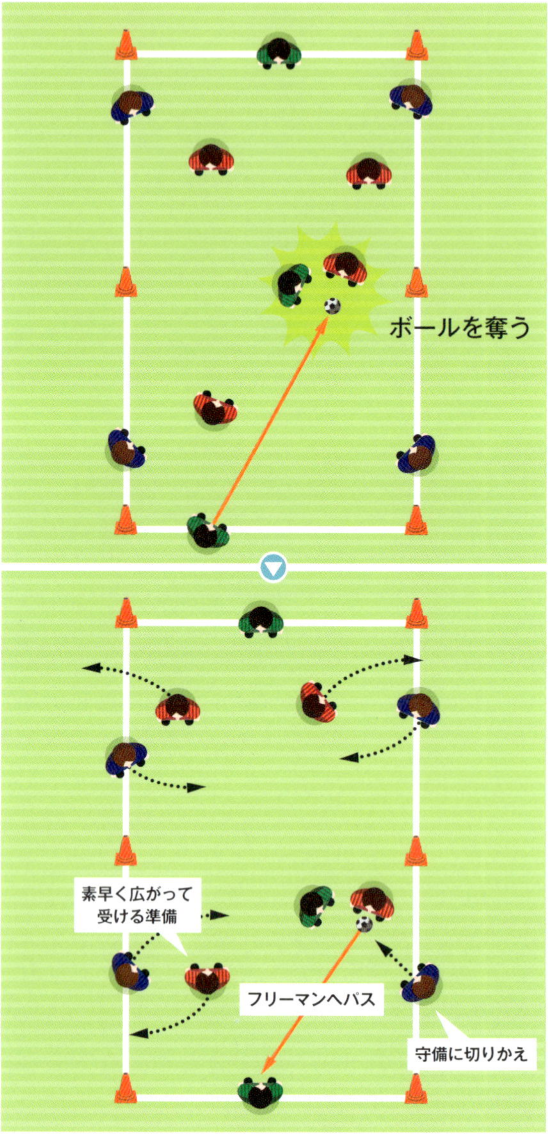

ボールを奪ったらディフェンスはオフェンスに回るので、素早い攻守の切りかえが必要になる。それぞれ適切なポジションにすぐさま入らなければ、パスコースがなくなってしまうので、奪った側の選手たちはすぐに拡散する。オフェンスも同様にすぐさま守備へと切りかえる

Memo

奪いどころを明確に

ディフェンスは中央のフリーマンにパスが入った瞬間がボールの奪いどころ。前を向かせないように厳しく。

ポイント 実戦でのポジションを想定する

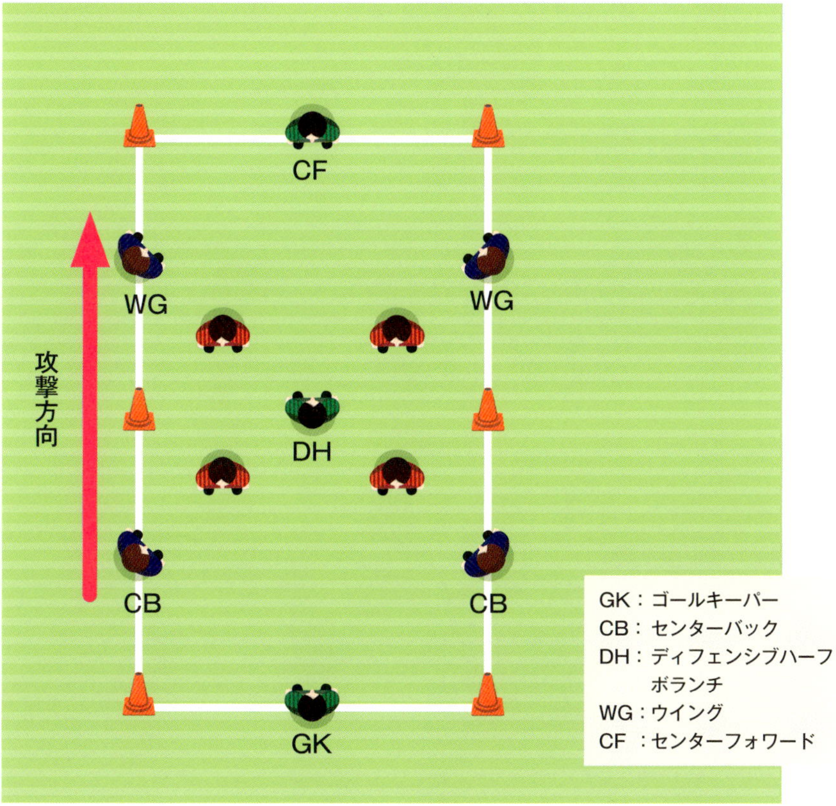

短辺にいるフリーマンの1人はゴールキーパー、手前の2人がセンターバック、中央のフリーマンがボランチ、奥の2人がウイングとなり、反対側のフリーマンがフォワードもしくはゴールというイメージを持つ。フリーマンから反対側のフリーマンへのパスを目指すことを意識する

参考 空間で受けるスペシャリスト

2014-2015シーズンまでFCバルセロナに所属したシャビ選手は、1試合平均で500回以上も首を振って周囲を確認し、ピッチ上の空間を探している。「ピッチ上の全てが見えている」と本人が語るように、常に味方と相手との間でボールを受けてパスをさばいていくそのプレーは、まさに「チームの頭脳」。バルセロナおよびスペイン代表黄金時代の秘訣は、中盤に位置取るシャビ選手にあると言っても過言ではないだろう。

©GettyImages

ねらい

遠いポジションの選手へパスを出す意識を持つ

難易度	★★
時　間	3分
回　数	4~5本
人　数	8人

» 強化する攻撃要素

ビルドアップ　崩し

Menu 023 「3対3」＋2のボールポゼッション

ピッチを縦に広く使っての遠いポジションの味方を意識した練習。
パスの出し手と受け手はもちろん、そのほかの選手のパスコースをつくる動きも大切です。

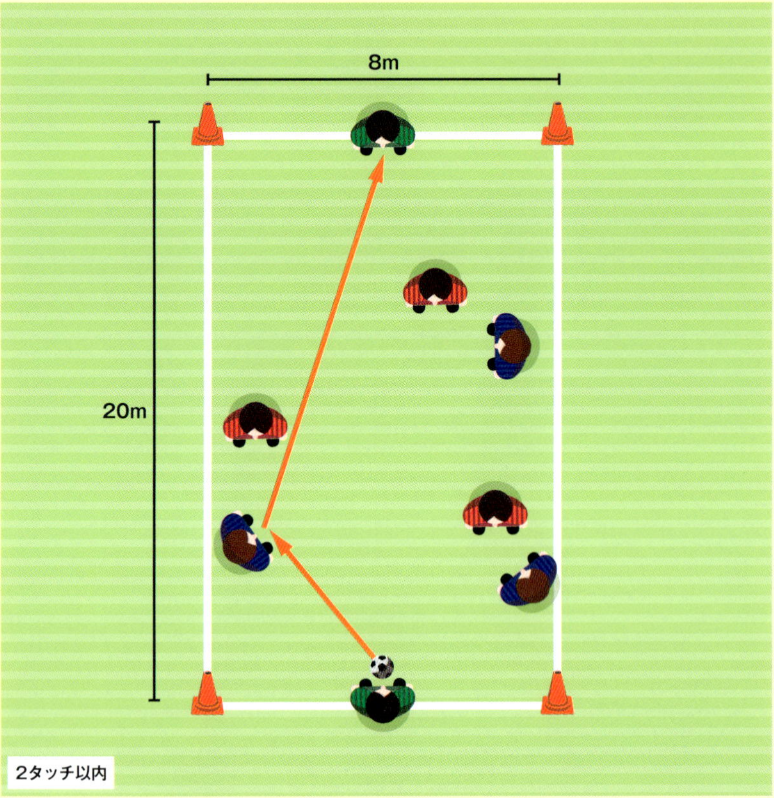

やり方

1. 短辺にフリーマン 1 人ずつ、グリッド内にオフェンスとディフェンスを 3 人ずつ配置する
2. フリーマンからボールを受け、反対側のフリーマンを目指してパスを回す
3. フリーマンからフリーマンへのグラウンダーのパスは構わないが、浮き球のパスは禁止
4. ボールを奪ったら、フリーマンにボールを預けて攻守交代する

トレーニング実施のポイント

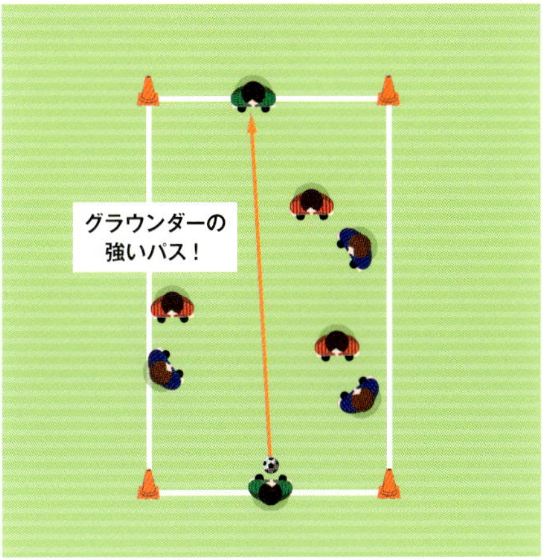

ポイント

フリーマンからフリーマンへのパスを積極的にねらう

フリーマンは、グリッド内の状況を見ながら、逆サイドのフリーマンへのパスを積極的にねらう。フリーマンからフリーマンへのパスは浮き球のパスは禁止とし、グラウンダーのパスだけを有効とする。パススピードが遅いとディフェンスにカットされるので、強いパスを意識する

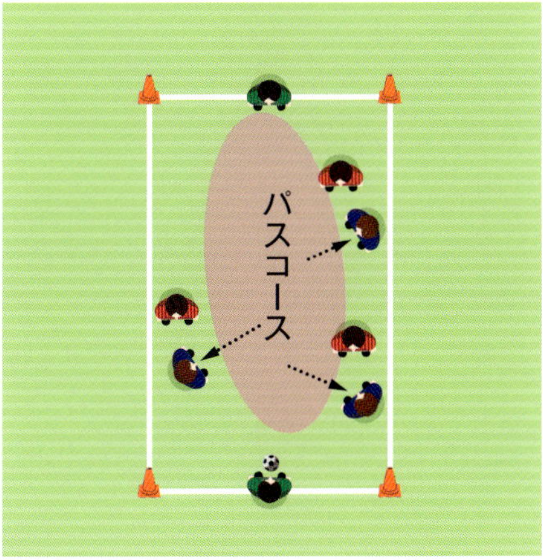

ポイント

パスコースを生み出すように動く

オフェンスの選手はパスを受けることは当然できるが、フリーマンのパスコースをつくることも意識する。選手同士の位置が近いとパスコースは生まれないので、ディフェンスの距離を広げるようにピッチの幅を使ってポジションを取る

Arrange

タッチ数制限で難易度調整

2タッチ以内に制限しているが、タッチ数を増やして難易度を下げることができる。3タッチにすることにより、プレーを止めてキープができたり、ファーストタッチでコントロールミスしたときにやり直しができたりする。タッチ数の制限をむやみに設けるのではなく、あくまでも選手のレベルに合わせてタッチ数を決めよう。

コラム 3

時にはリラックスも必要

年間を通じたリーグ戦が日本の育成年代でも採用されはじめましたが、そのなかでチームの状態が良いときも悪いときもあるでしょう。チームのムードが沈んでいるときにいかに気持ちを切りかえさせるか、指導者の手腕が問われます。

私の場合は、『勝っているときはガンガン練習して、負けているときはあまり練習をしない』ことにしています。それは逆ではないのか？　と驚く方も多いと思います。連勝しているときは、チームの勢いを利用してより厳しく練習します。逆に、連敗してチーム状態が落ちているときにさらに厳しい練習をすると、あれもこれも改善しなくてはいけないと選手たちは思い込み、かえって不安が拡がります。特に、試合内容は悪くないが結果が出ないときは尚更です。次の試合までに改善する項目をできる限り絞ることが重要です。

そして敗戦後、課題に対する練習を行う前に最も重要なことは、沈んだ雰囲気を切りかえることです。たとえば、試合で負けたあとの最初の練習で、私のチームではサイドからのクロスボールを上げてボレーでシュートするというシンプルなトレーニングを行うことがあります。決してチームの敗因を改善するためのメニューではありませんが、ボレーで思いっきりボールを蹴っ飛ばすと気持ちがスカッとします。元フランス代表のジネディーヌ・ジダン選手が、2001-2002 シーズンの UEFA チャンピオンズリーグ決勝で放ったような豪快なボレーが決まったときは、選手は大喜びして非常に盛り上がります。心が傷ついたままでは次の試合は戦えません。下を向いているチームを上に上げていくにはリフレッシュが効果的です。

海外のチームでリラックスするのに効果的だったのが、キックベースです。思いっきりボールを蹴っ飛ばすことで、選手は気分爽快です。普段やりなれてないスポーツをすると珍プレーが続出して、多くの「笑い」が生まれます。「笑い」はチームの雰囲気をポジティブなものに変えていくのです。

第４章

背後をねらう

ディフェンスラインを突破するための、
背後をねらう動きを身につけるトレーニングを紹介します。

「背後をねらう」重要性

➔「背後をねらう」とは？

» ディフェンスラインの背後と
GKとの間に広がるスペースを
突いてゴールをねらう動き

? なぜ必要？

» 背後にパスが通れば、GKとの
1対1の場面となり、ゴールに直結する

» 背後をねらうことでディフェンスラインを
押し下げることができ、主導権を持った
攻撃ができるようになる

背後をねらって
ゴールに結びつける

背後とはディフェンスラインの後ろのスペースを指します。このスペースへのパスを成功させられれば、GKとの1対1の場面やシュートをねらえるチャンスをつくり出すことができ、ゴールに直結するプレーとなります。背後にパスを通すことで相手ディフェンスは体勢を立て直してボールを追わなくてはいけませんが、味方の選手は前向きのまま加速してボールを受けられるため、より優位なシチュエーションとなります。

背後へのパスを成功させるには、ボールの出し手と受け手がタイミングを合わせる必要があります。出し手のタイミングが遅れたり、受け手が先に動き出してしまったりすると、オフサイドになってしまうからです。お互いの体勢を確認するだけでなく、『アイコンタクト』で意思疎通を図り、パスのタイミングを合わせなければいけません。また、受け手は相手のマークを外さなければボールを受けられないため、ディフェンスに駆け引きで勝つことも求められます。

この章では、背後への意識を養い、動き出しのタイミングを向上させるトレーニングを紹介していきます。ボールの出し手は受け手が「この体勢ならこう動く」、受け手は出し手が「この状況ならここにパスを出す」とお互いのプレーの癖までを把握し、背後をねらうイメージを共有できるようになりましょう。

背後をねらう

ねらい

背後に動き出すタイミングを養う

難易度	★★☆☆☆
時　間	3分
回　数	3~5本
人　数	9人＋GK2人

» 強化する攻撃要素

ビルドアップ　崩し　ラストパス　フィニッシュ

Menu 024 「4対4」＋1＋2GK ×ツーコート

まずはシンプルにディフェンスの背後でパスを受ける練習から。
パスの出し手とタイミングを合わせることを意識しましょう。

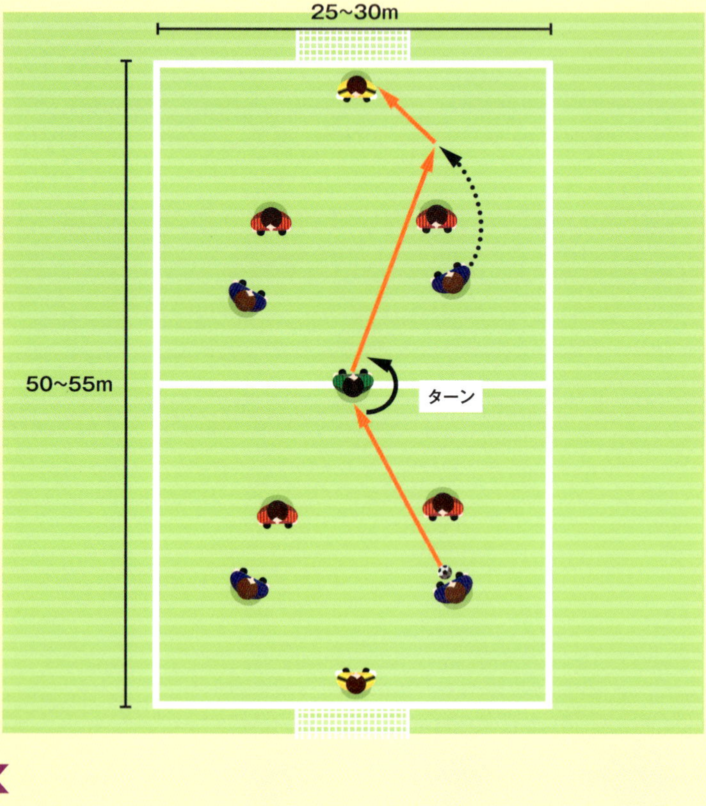

やり方

1. ハーフラインを引いて、中央にフリーマン1人、前方と後方のゾーンにオフェンスとディフェンスが2対2ずつに分かれるように配置する
2. 前方ゾーンの背後のスペースを使いながら、後方のゾーンからゴールを目指す
3. オフェンスとディフェンスはもう一方のゾーンへの越境ができないが、フリーマンはそれができる
4. フリーマンを経由せずに、前線にパスを出しても良い。オフサイドは意識する程度
5. ボールを奪ったら攻守交代する。ボールが外に出たらGKからリスタートする

トレーニング実施のポイント

ポイント 背後のスペースをねらう

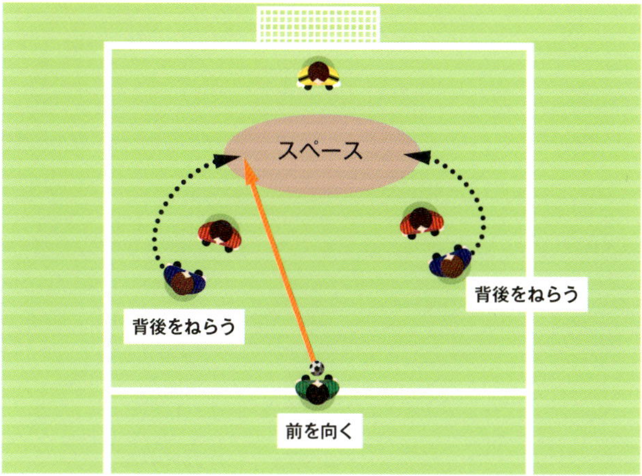

ディフェンスラインの裏のスペースでボールを受けられると、シュートまで持ち込むチャンスをつくれる。味方が前を向いてボールを持っているときは、積極的にそのスペースに飛び出す意識を持つ

ポイント ディフェンスとの駆け引きで勝つ

▲DFはボールと人を同時に見ることはできない

ボールを受ける前に、ディフェンスの動きを予測してマークを外す必要がある。フリーマンがボールを受けて前を向いた瞬間に、ディフェンスはどうしてもボールを見るので、そのタイミングを見逃さずに背後に飛び出してボールを呼び込む

指導者へのアドバイス

ピッチの縦幅は十分に確保

背後をねらう練習なので、ピッチの縦幅は十分に確保するようにしよう。GK もいるので、あまりにも縦幅が狭いと背後のスペースがなくなってしまう。スペースがなくなれば、足元でつなぐだけとなり、駆け引きも上達しない。

背後をねらう

ねらい
出し手と受け手がイメージを共有する

Menu 025 「3対3」＋GK＋サーバー

難易度	★★☆☆☆
時　間	1.5分
回　数	4～5本
人　数	7人＋GK1人

» 強化する攻撃要素

ビルドアップ / 崩し / ラストパス / フィニッシュ

今度は攻撃側を３人にサーバーを加えてやってみましょう。
イメージをしっかり共有してディフェンスの背後をねらうことが大切です。

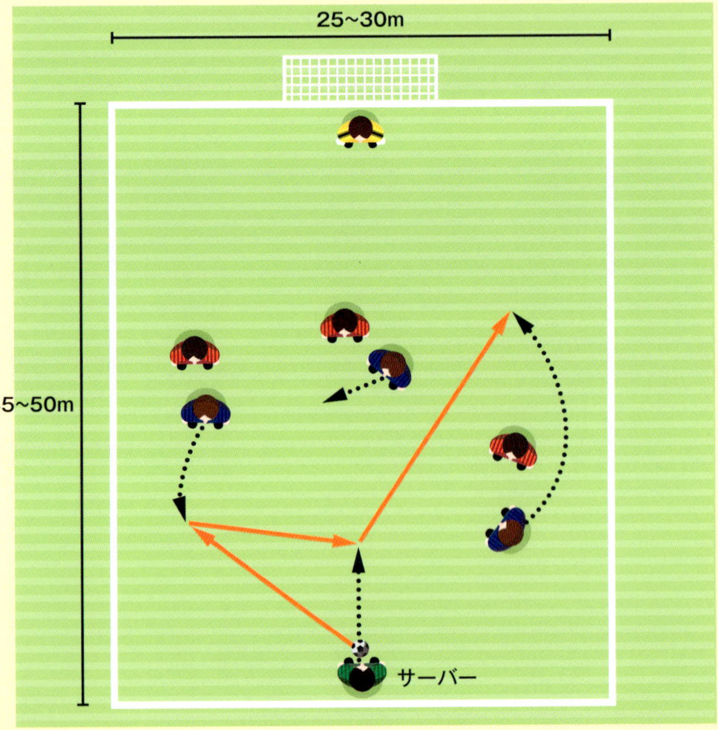

やり方

1 オフェンスとディフェンスの３人ずつに加え、ボールを供給するサーバーを配置する
2 背後のスペースをねらいながら、ゴールを目指す
2 サーバーはリターンパスを受けられるが、味方を追い越してはいけない
3 ボールを奪ったら、サーバーにボールを戻して攻守交代する

トレーニング実施のポイント

ポイント 無理な体勢ならバックパス

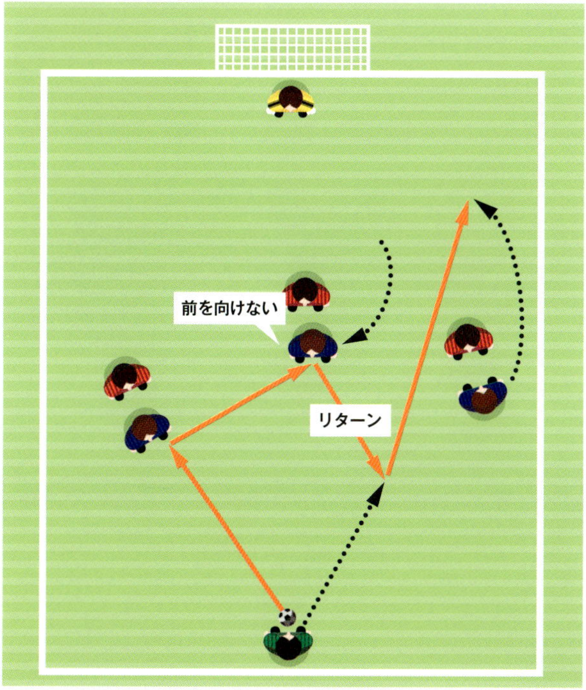

パスを一度出したサーバーはリターンパスを受けられる。オフェンスの選手が前を向けない状況でボールを受けてしまった場合、その選手は無理をして前を向こうとするのではなく、サーバーにパスを一度返して状況を立て直すことも必要となる

指導者へのアドバイス

見本を示すことで イメージを共有できる

ボールの出し手と受け手が状況に応じてイメージを共有できていなければ、攻撃は組み立てられない。イメージを共有するためには、練習中にプレーを止めて、客観的に状況を見せることも重要。「こう動いたら、ここにパスを通しやすい」と見本を示すことで、次に同じ状況になったときに選手がイメージを共有しやすくなる。

コーチが見本を示す▶

背後をねらう

ねらい

味方がつくったスペースを有効利用する

難易度	★★★☆☆
時　間	5分
回　数	3~4本
人　数	13人＋GK2人

» 強化する攻撃要素

ビルドアップ　崩し　ラストパス　フィニッシュ

Menu 026 「6対6」＋1＋2GKのスモールゲーム

次はフリーマンを加えた変則的なゲーム形式のメニュー。
味方がつくったスペースをお互いに生かしながら、背後をねらう意識でやってみましょう。

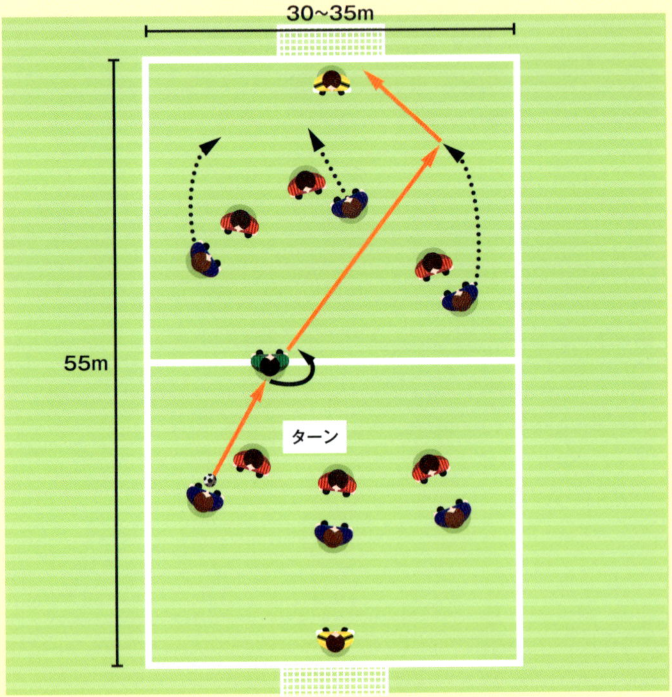

やり方

1. ハーフラインの前方と後方のゾーンにオフェンスとディフェンスが3対3に分かれるように配置し、加えて中央にフリーマン1人を入れる
2. 背後のスペースをねらいながら、ゴールを目指す
3. オフェンスとディフェンスはもう一方のゾーンへの越境ができないが、フリーマンはそれができる
4. フリーマンを経由せずに前線にパスを出しても良い。オフサイドは有りとする
5. ボールを奪ったら攻守交代する。ボールが外に出たらGKからリスタートする

トレーニング実施のポイント

ポイント 味方がつくったスペースを使う

センターフォワードの選手が裏のスペースをねらって、ディフェンスがそれにつられたことで生まれたスペースに、サイドの選手が斜めに走り込む。または、その逆の動きで生まれたスペースを使うなど、選手が動き出すことで状況が変化する。ダイアゴナルランなどは特に有効となる

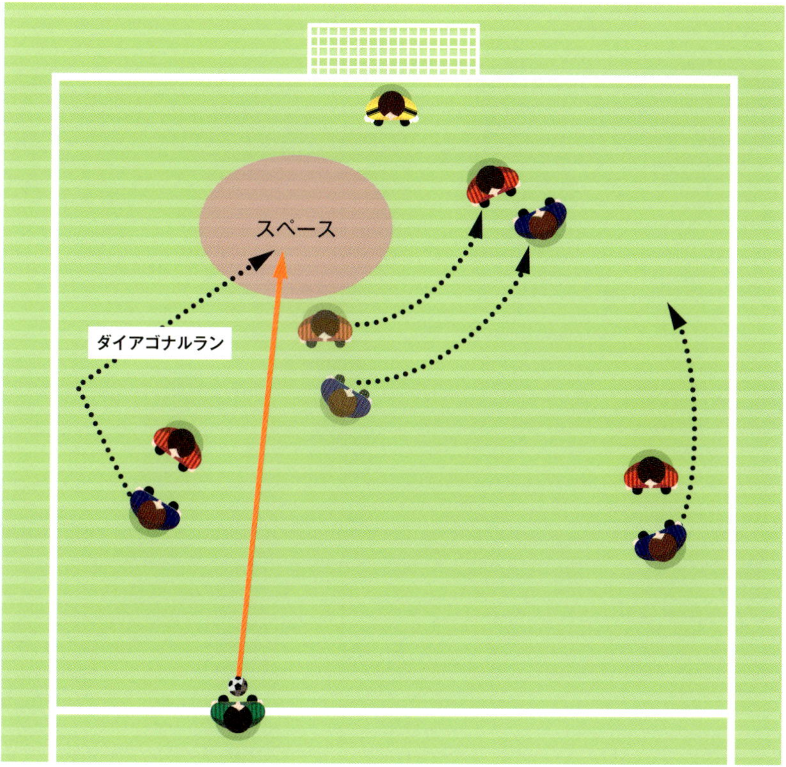

ダイアゴナルランとは!?

斜めに走る動きのことを言う。この動きにより、ディフェンスは背後のスペースへの飛び込みを警戒するだけでなく、マークの受け渡しを行う必要が出てくる。つまり、ディフェンスを混乱させることができる。そうして生まれたディフェンスの隙をついてボールを受けたり、走り込むことで生まれたスペースを別の選手が活用したりするのは有効な攻撃手段となる。この動きがうまいのが、日本代表の岡崎慎司選手(レスター・シティFC)と言われている。岡崎選手はスピードが特別速いというわけではないが、ディフェンスの死角を突いたりする駆け引きが非常にうまく、その動きを生かして日本代表でも所属するクラブでもゴールを量産しています。ストライカーとしても十分な能力を持っている岡崎選手だが、この動き出しのうまさをより生かすため、ザッケローニ元監督時代の日本代表においては、中盤の右サイドで多く起用されていた。

トレーニング実施のポイント

NG 悪い受け方

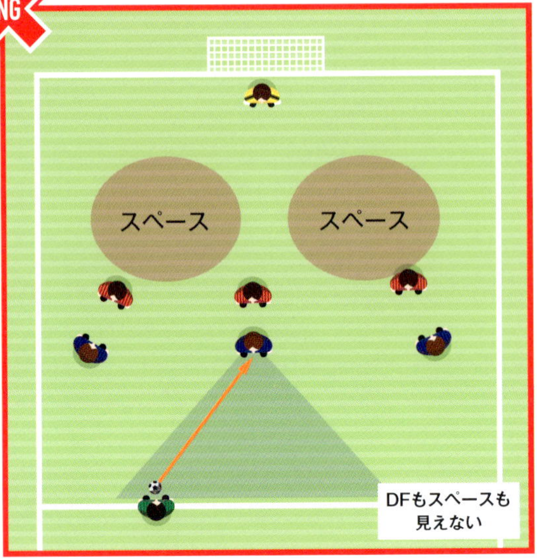

ポイント

ディフェンスに背を向けてボールを受けない

ディフェンスに背を向けた状態でボールを受けると、その後のプレーの選択肢が減ってしまう。視野を広げられる半身でボールを受けて、ディフェンスとスペースの両方を見るように意識する

OK 良い受け方

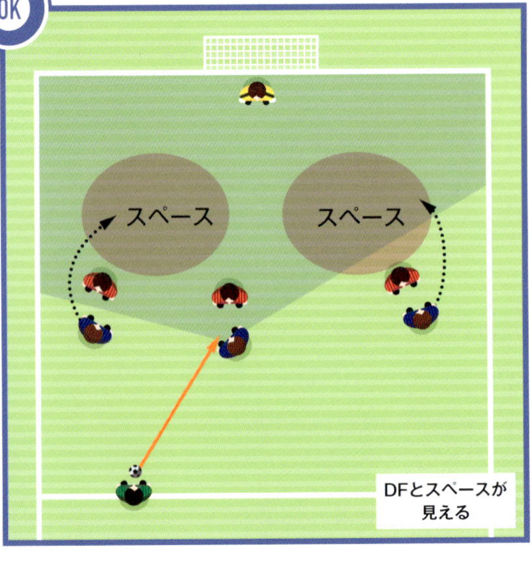

▲ボールに対して半身で受ける

Arrange

フリーマンを追加して難易度を下げる

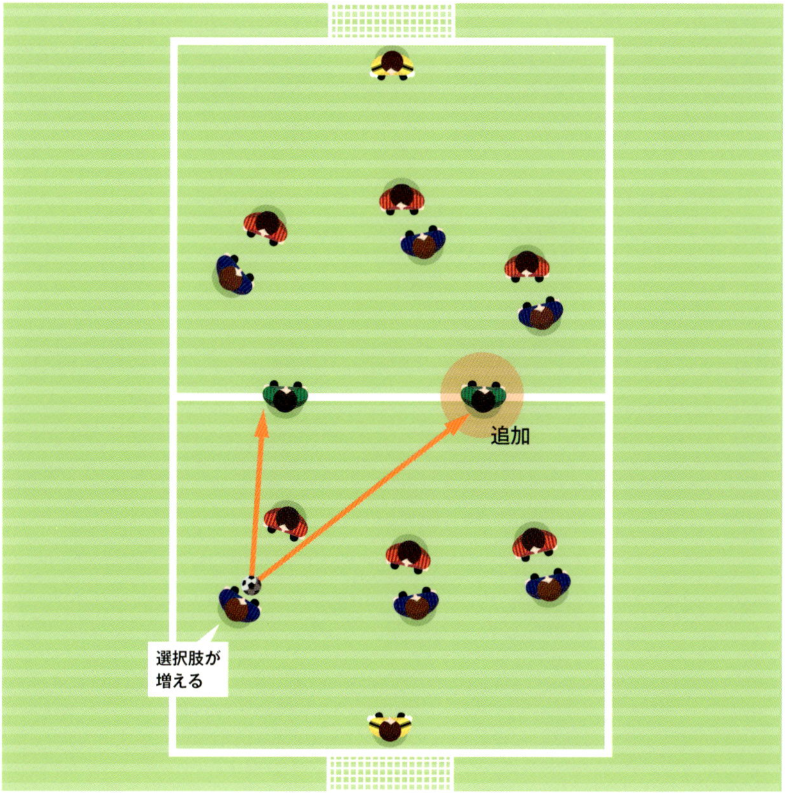

今回のメニューでは前線で背後をねらうことがテーマだが、手前のゾーンのなかでもオフェンスとディフェンスの人数が増えてピッチ内の人口密度が高くなり、練習の難易度は上がっている。手前のゾーンでのパス回しの段階でボールがなかなか前に進まずに、本来ねらっている動きがうまく引き出せない場合は、フリーマンを2人に増やすことで難易度を下げるなどしよう。選手のレベルに応じて調整していくことが大事である。

ねらい

背後のスペースで適切なパスを受ける

難易度	★★☆☆☆
時　間	3分
回　数	3〜4本
人　数	9人

» 強化する攻撃要素

ビルドアップ → 崩し → ラストパス → フィニッシュ

Menu 027 「4対4」＋1（ゾーンゴール）

コーンでゾーンをつくり背後のスペースを可視化した練習。
ゾーンは限定されているので、タイミングをより図ることが大切になります。

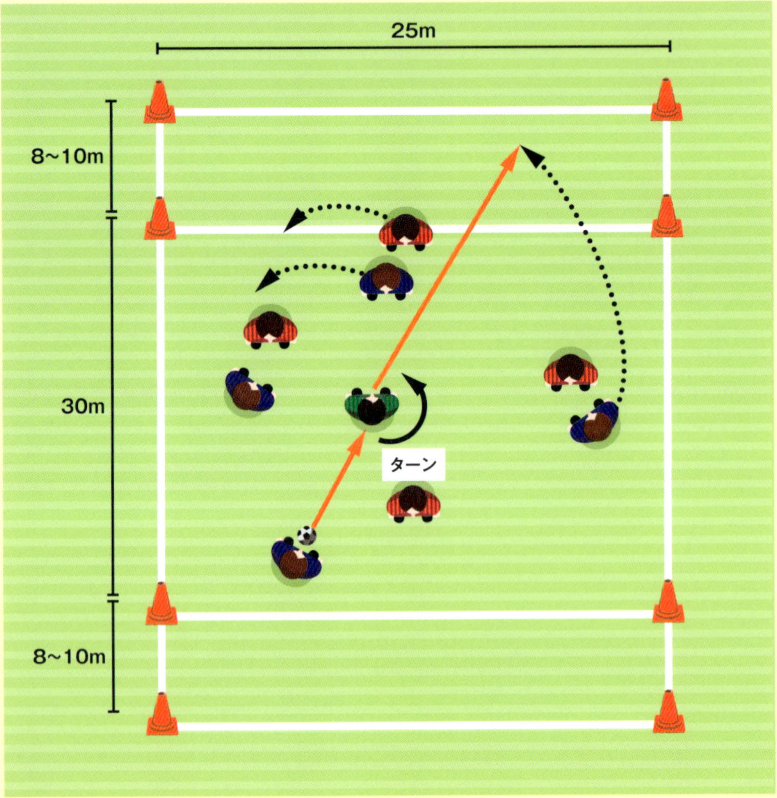

やり方

1. ピッチを3分割し、真ん中のゾーンにオフェンスとディフェンスを4人ずつとフリーマン1人を配置する
2. オフェンスはゾーンの中でパスを受けたら、1点とする
3. ドリブルでゾーンに運んでも、得点にはならない

トレーニング実施のポイント

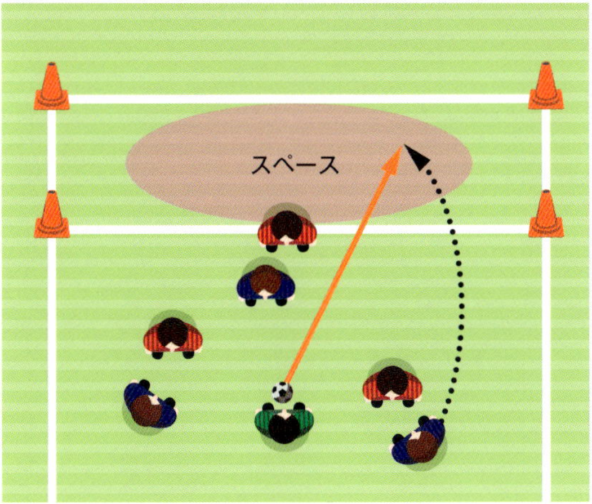

ポイント

裏への意識を持つ

コーンを置いてゾーンをつくることで、背後のスペースを可視化している。これによって背後をねらう動きをよりイメージしやすくなる。ボールの受け手は、スペースにいつ飛び込むか、出し手はいつスペースにパスを送ってくるるかを意識しながらプレーする。受け手と出し手の呼吸を合わせることも重要になる

膨らんで受けるとは⁉

ボールを受ける際に、直線的に走って受けるのではなく、サイドに膨らんで走ることを言う。この動きにより、ディフェンスの視野から一瞬だけ消えることになる。ディフェンスはボールとマークする相手を同じ視界に捉えることができないだけでなく、少しだけサイドに寄せてから追いかけてくるためギャップが広がり、スペースへのパスが通りやすくなる。加えて、斜めに走っているので、受けたあともその勢いのまま、ゴールの方向へボールを運ぶことができる。

直線的に走る

膨らんで走る

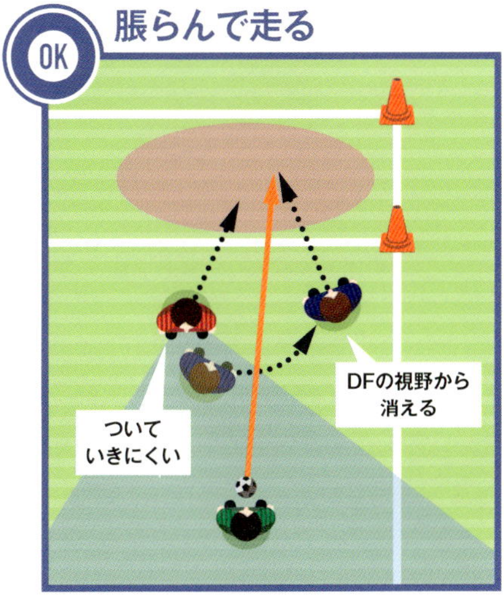

ねらい

ピッチの幅を有効に使う

難易度	★★★☆☆
時　間	5分
回　数	3〜4本
人　数	12人

» 強化する攻撃要素

ビルドアップ ＞ 崩し ＞ ラストパス ＞ フィニッシュ

Menu 028 6対6（ゾーンゴール）

フリーマンを置かないで、攻守が同人数の練習にステップアップ。
隙が生まれる瞬間を見逃さないようにプレーしましょう。

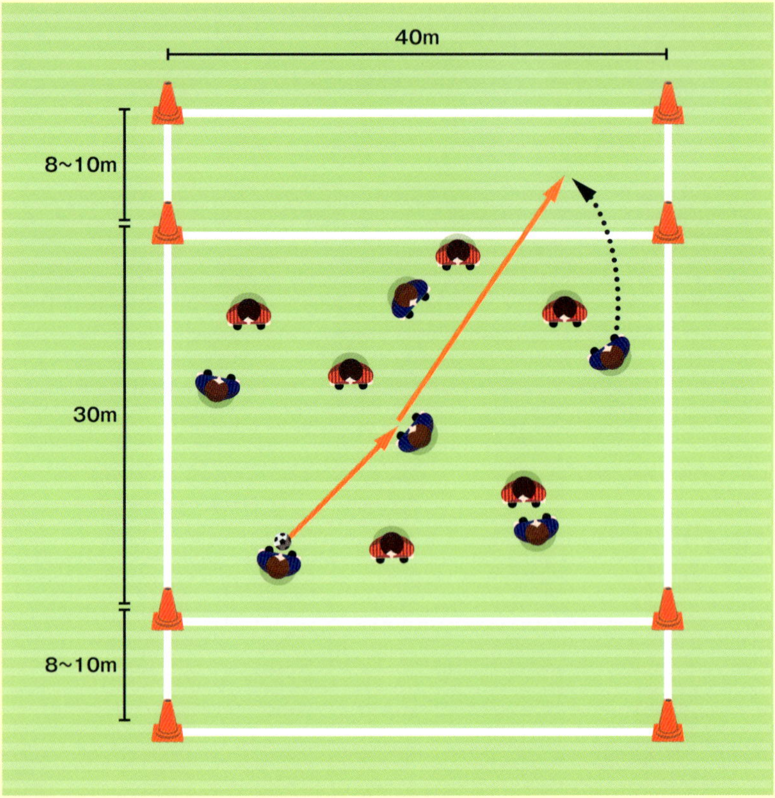

やり方

1. ピッチを３分割し、真ん中のゾーンにオフェンスとディンフェスを６人ずつ配置する
2. オフェンスは前方のゾーンの中でパスを受けたら、１点とする
3. ドリブルでゾーンの中に運んでも、得点にはならない

トレーニング実施のポイント

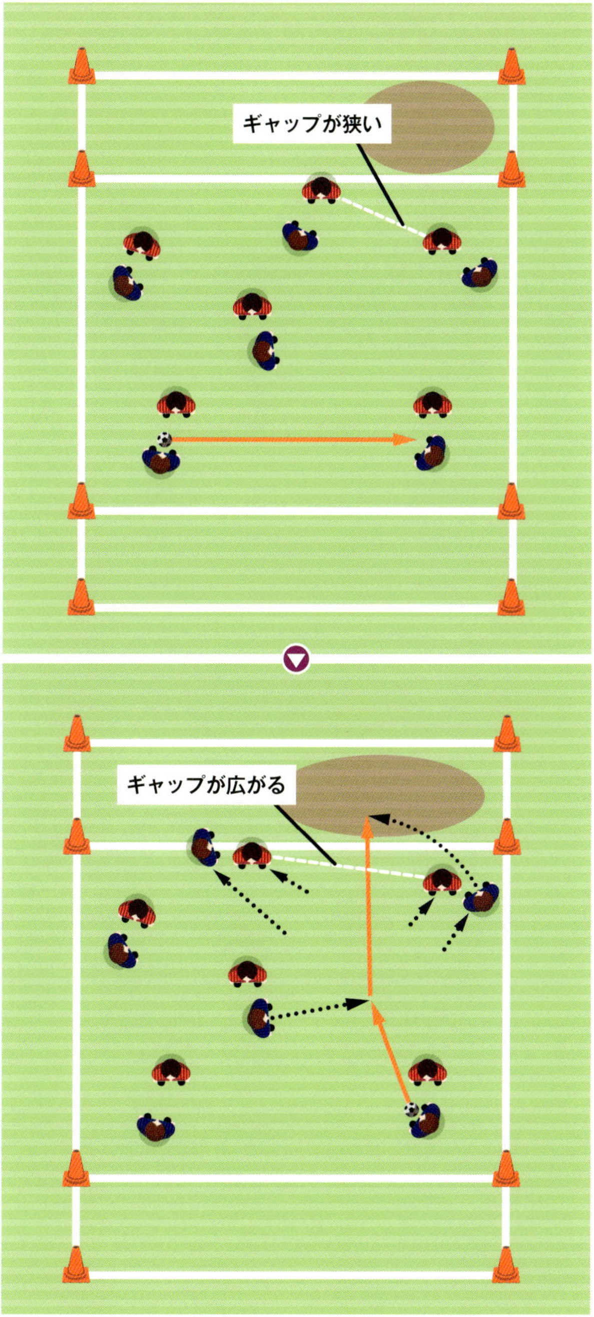

ポイント

ピッチの幅を有効に使う

ディフェンスのギャップを広げるために、ピッチの幅を使うことが重要になる。ボールを左右に動かしながらギャップを広げることで、中央にもスペースが生まれてくる。空いたスペースを見逃さずにパスを送る

ポイント

数的同数によりレベルアップ

Menu:027ではフリーマンが1人いるため、オフェンスは数的優位だったが、今回は数的同数のシチュエーションであるため難易度は高くなる。背後のスペースをねらって動き出すことはもちろんのこと、パスの出し手がしっかりと前を向いてパスを受けられるように細かく動き直すことが大切。動くことを1人でもサボってしまうと、局面の打開は一気に困難になる

トレーニング実施のポイント

ポイント　ポジションや役割を意識する

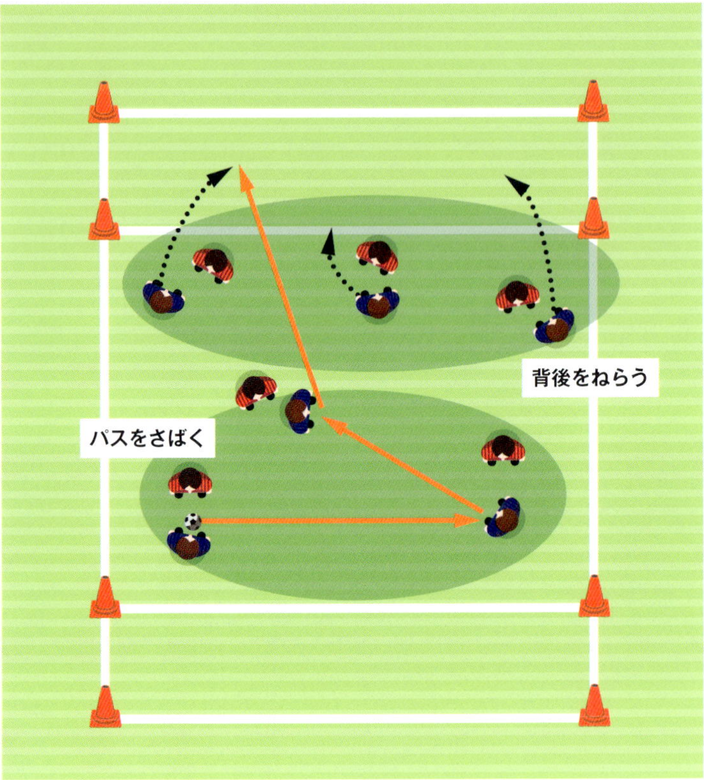

全員が同じ動きをするだけでは目的を達成することはできないので、パスをさばく、サポートに入る、背後をねらうなど、選手それぞれポジションによって役割を意識する。ただ、状況によって役割は変化するので、自分がどの役割を担うかを常に考える

Memo

ポジションにこだわりすぎない

練習では実際のゲームを想定し、役割をある程度意識して行うが、FWだから前だけ、DFだから後ろだけではなく、練習では違ったポジションも経験しよう。ポゼッションサッカーにおいては、サポートや背後をねらう動きはポジションに関係なく必要であり、またプレーの幅を広げることにもつながる。

ポイント 味方の体勢を確認する

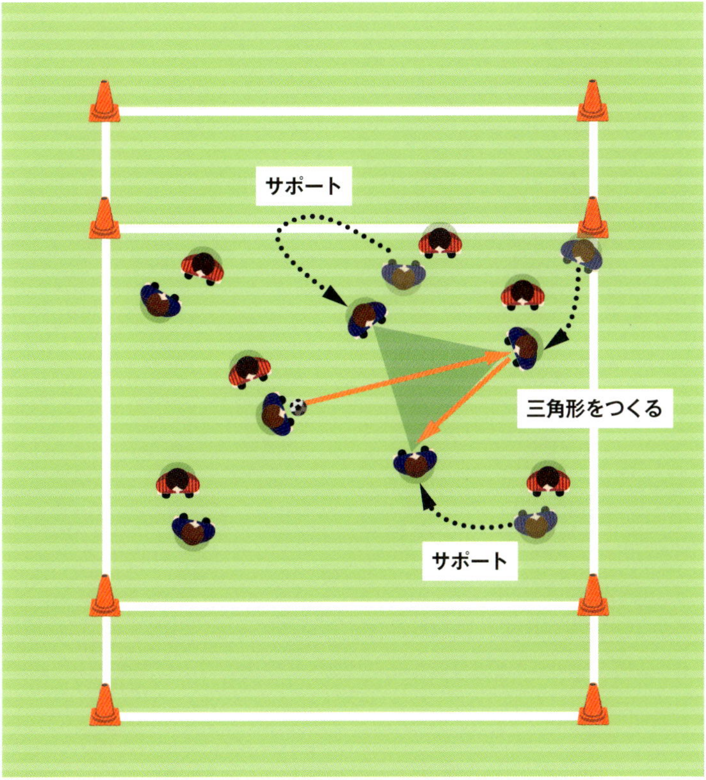

数的同数となるため、サポートのポジションが重要になる。味方がどの方向を向いてボールを受けるかによってもサポートの位置は変わっていくので、味方の細かい動きも確認して、的確な位置にサポートに入る

指導者へのアドバイス

サポートの動きはいつでも基本

たとえピッチが広くなったり、人数が増えたりしてもサポートの動きがポゼッションの基本であることに変わらない。2章で説明したように、「三角形をつくる」「ファーストディフェンスの背後に隠れない」などの基礎は難易度の上がった練習でも必ず生かせる。反復練習を行って基礎を身につけさせることが、ステップアップにもつながる。

また、選手に考える力を身につけさせることも重要。ルールだけを説明して練習を進めることで、選手自身が状況に応じて考えてプレーするようになる。選手の判断に任せながらも、どうしてもできない箇所はコーチングするなど、指導にも変化をつけよう。

コラム 4

ポゼッションスタイルのメリット、デメリット

ポゼッションスタイルのサッカーを行うためには、攻撃時にピッチの幅と深さを使い、全選手がピッチ上に広がることが重要です。

なぜなら、狭いスペースよりも広いスペースの方が、パスをつないでボールを循環させやすいからです。また広がることで、相手ディフェンスのギャップも広がりやすく、そこをねらうことができます。「ボールは人より速く動く」ので、局面が広がり距離があればあるほど、スピードの差が生まれてディフェンスは走らされることになり、相手がフィジカル的にもメンタル的にも疲弊し隙が生まれて多くのチャンスをつくり出すことができます。それは、ポゼッションスタイルのメリットと言えます。

一方で、デメリットももちろんあります。選手間が広がっているため、特に自陣でボールを奪われたときは一気にピンチになる恐れがあることです。育成年代においては、選手はまだ完成されておらずミスも多いため、ポゼッションスタイルを浸透させていく過程でそういったことは多々あることでしょう。

しかし、そこで諦めずにトライし続けることが最も重要です。ボールを受ける前に周辺の状況を把握できていたか、正しい判断ができていたか、ボールの置き所は良かったか、パスの質はどうだったか、サポートができていたか等、ミスとなったプレーを指導者が分析し修正していくことが大切です。ピッチの幅と深さを使ってプレーすると、各選手がピッチ上に広がるので局面がはっきりし、個々の選手の技術と判断の重要性がより強調されるので、そのようなプレーの分析を行いやすく、育成年代の指導に最適と言えるでしょう。

第5章

数的優位を使いこなす

数的優位な状況をつくって
使いこなす動きを身につけるための
トレーニングを紹介します。

「数的優位」の重要性

「数的優位」とは？

» 相手の人数より、
味方の人数のほうが多い状況のこと

なぜ必要？

» 「数的優位」の状況をつくり出すことで、
確実なパスコースが1つはある状況となる

» ボールホルダーはドリブルとパスなど
複数の選択肢を持つことができる

» ディフェンスが戻ってきて数的同数になる前に
攻め切る意識を持つことで、スピーディーな
攻撃を仕掛けることができる

数的優位をつくり出し、使いこなす

数的優位な状況をつくり出すと、局面を崩しやすくなります。それはなぜかといえば、数的優位な状況になると、誰か１人が必ずフリーになるため、確実なパスコースを１つ生み出せるからです。さらに、ボールホルダーはパスとドリブルに加え、ゴールが近ければシュートを打つという３つの選択肢を持つことができ、ディフェンスにとって守るのが困難な状況をつくり出せます。

しかし、３つの選択肢があるからこそ、ボールホルダーはディフェンスの立ち位置や姿勢、味方のポジションなどを見て、的確な判断を下してプレーを実行する必要があります。ボールホルダーがディフェンスにあまりにも突っ込みすぎて相手の間合いに入ってしまうと、１対１の局面になり、数的優位を有効に使えないことがあるからです。味方を使った方がいいのか、自ら仕掛けたほうがいいのかはシチュエーションによって変化するので、数的優位な状況を活かせるようなプレーを身につけていきたいところです。

数的優位をつくるにはボールホルダーを味方が追い越す、ボールホルダーが味方のいる局面にドリブルで進入していくなどの方法があります。この章では、数的優位な状況をつくり上げて、その状況を有効に使いこなす方法を身につけるトレーニングを紹介していきます。

ねらい

パスかドリブルかの判断力を養う

Menu 029 2対1のボールポゼッション

難易度	★☆☆☆☆
時　間	1分
回　数	3〜6本
人　数	3人

» 強化する攻撃要素

ビルドアップ　崩し　ラストパス　フィニッシュ

数的優位の最小人数である２対１の状況からスタート。
ボールを奪われないように、パス回しをしてみましょう。

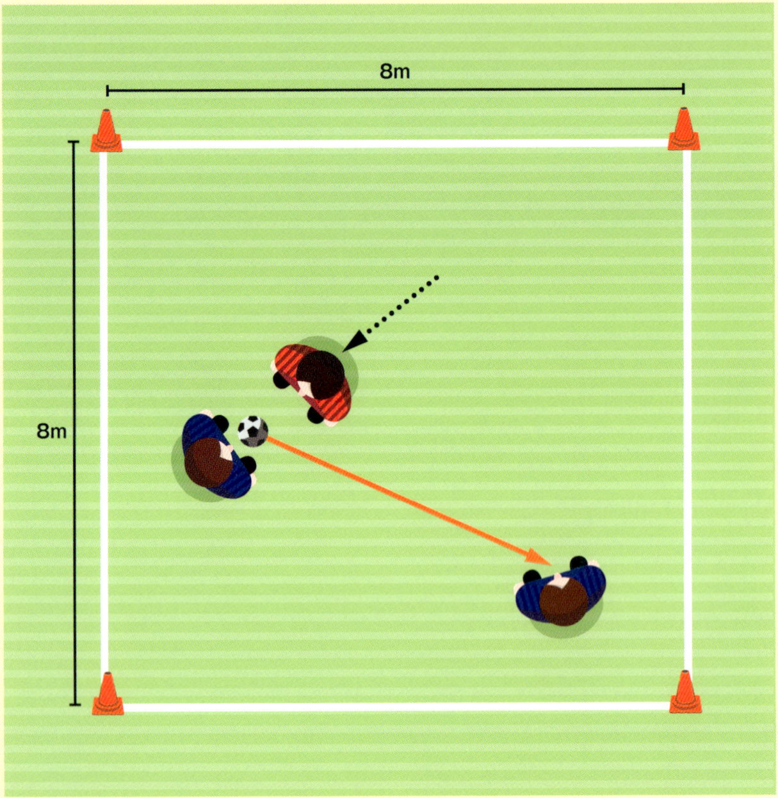

やり方

1 グリッド内にオフェンス２人とディフェンス１人を配置する
2 オフェンスはディフェンスにボールを奪われないようにパスを回す

トレーニング実施のポイント

NG 食いつきが甘い

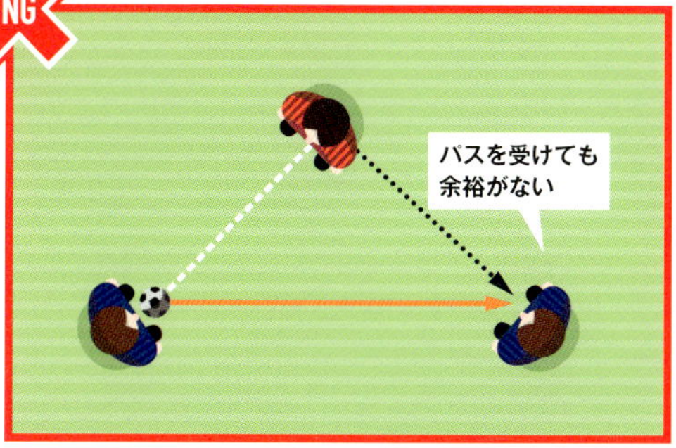

OK しっかり食いつかせる

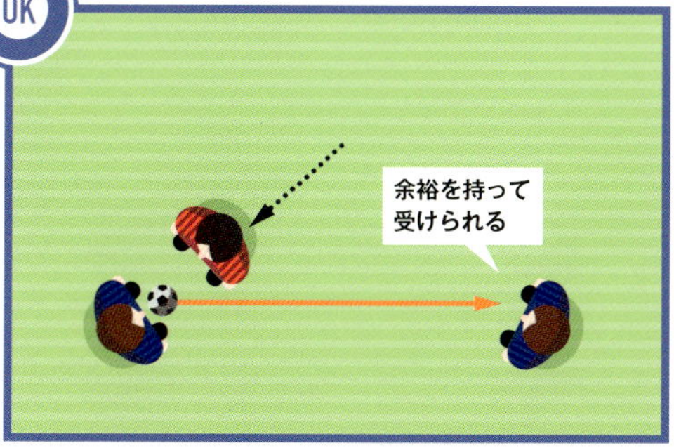

ポイント

ディフェンスを食いつかせてパス

ディフェンスが寄せてきていない状況でパスを出すと、受け手がすぐにプレッシャーを受けてしまう。ディフェンスが食いついてきた瞬間を見逃さずにパスを出せば、受け手はプレッシャーを受けない状態でパスを受けられる

Memo

パスを出した瞬間から、次はパスの受け手になる。この意識を常に持ち、リターンパスを受けられる位置に素早く移動する。

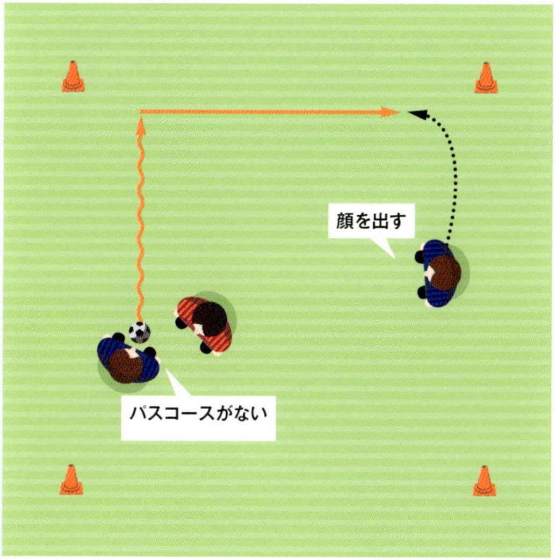

ポイント

パスコースを切られたらドリブル

ディフェンスにパスコースを切られている状況なら、ドリブルしながら自分で角度を変え、味方が見える位置までボールを動かす。ディフェンスの位置と味方の位置、その2つを顔を上げてしっかりと確認しながら、ドリブルをする

数的優位を使いこなす

ねらい

ボールを追い越す動きで2対1をつくる

難易度	★★☆☆☆
時間	ー
回数	10本×3セット
人数	3人+GK1人

» 強化する攻撃要素

ビルドアップ　崩し　ラストパス　フィニッシュ

Menu 030 2対1からのフィニッシュ

数的優位の状況からゴールを目指す練習。
時間を掛けずに一気にシュートまでもっていく意識で行いましょう。

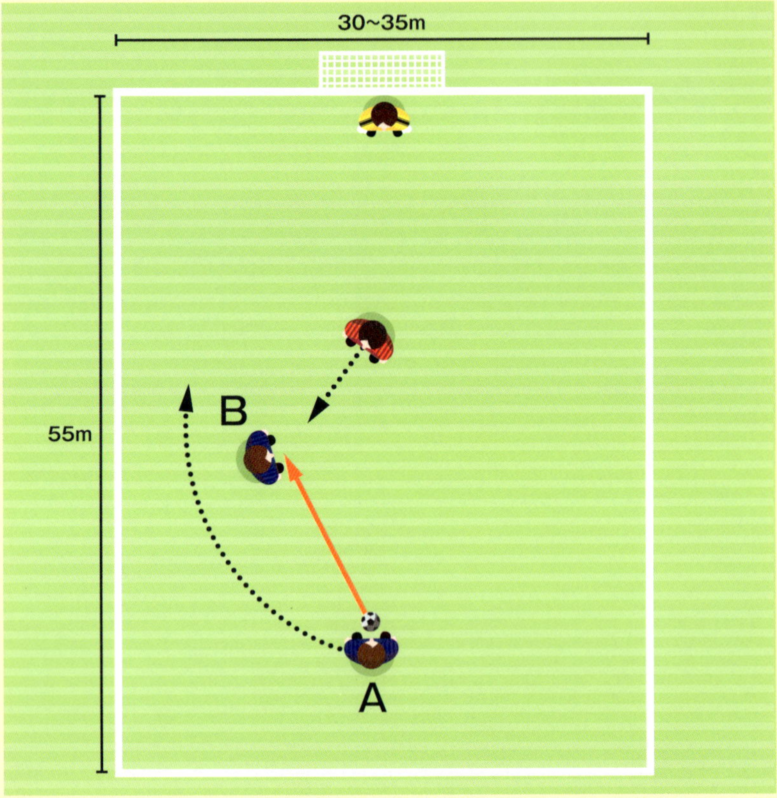

やり方

1 グリッド内にオフェンス2人、ディフェンス1人、GK1人を配置する
2 AからBにパスを出してスタート。ディフェンスはパスが出たら、動き出すことができる
3 最初のパスを除き、2本以内のパスでシュートまで持ち込む

トレーニング実施のポイント

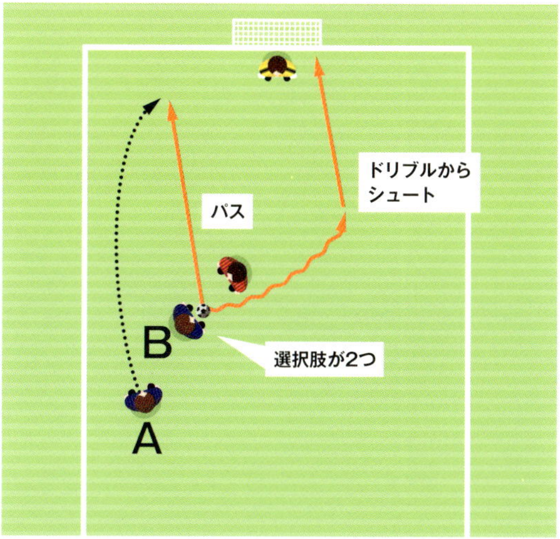

ポイント

ボールホルダーを追い越す

ボールを受けたBをAが追い越すことで、Bには「Aにパスを送る」「自分で中に切れ込む」という2つの選択肢が生まれる。ディフェンスの立ち位置を見て、どちらのプレーが最適かを判断する

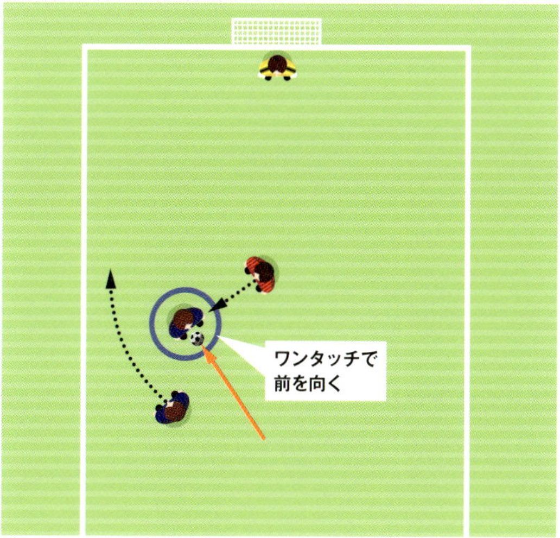

ポイント

最初のパスでターン

ディフェンスはAがパスを出すまで動けないので、ボールを受けたBはターンをして前を向く時間がある。しかしBがターンに時間が掛かって前を向けなければ、Aが追い越してもパスが出せない。Bはワンタッチで確実にターンできるかどうかが大事になる

指導者へのアドバイス

パスの本数に制限をかける意味

試合中に2対1の状況になればチャンスは生まれるが、時間が掛かるとディフェンスに戻る時間を与えてしまうので、数的優位の状況をつぶしてしまう可能性がある。パスの本数に制限をかけることで、フィニッシュまで素早く持ち込むことを意識させることができる。7秒以内にシュートまで持ち込むなど、時間制限を設けるのもいいだろう。

難易度	★★☆☆☆
時　間	ー
回　数	10本×3セット
人　数	4人+GK1人

» 強化する攻撃要素

ビルドアップ / 崩し / ラストパス / フィニッシュ

ねらい

サイドで２対１の状況を使いこなす

Menu 031 サイドでの「2対1」＋FW＋GK

サイドでの２対１の状況から、クロスおよびシュートまで持っていく練習。パスを受ける際は、しっかりと声を掛けてタイミングを図りましょう。

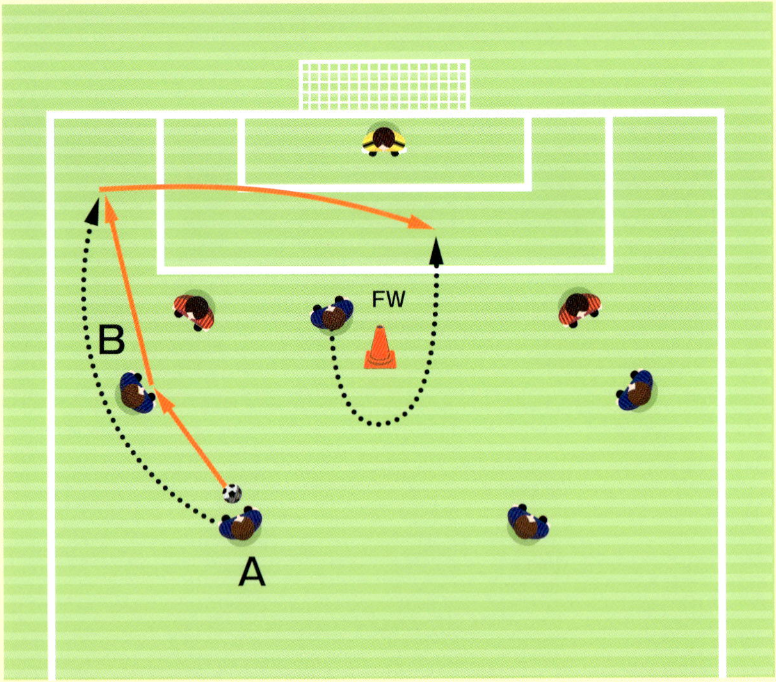

やり方

1. オフェンス２人とディフェンス１人をサイドに、FW1 人をゴール前に配置する
2. A からＢにパスを出してスタート。ディフェンスはパスが出たら、動き出すことができる
3. B はなかに切れ込んでのシュート、A へのパスはできるが、FW へのパスは禁止とする
4. 逆サイドにも配置し、左右交互に行う

トレーニング実施のポイント

ポイント 味方を追い越す際には声を出す

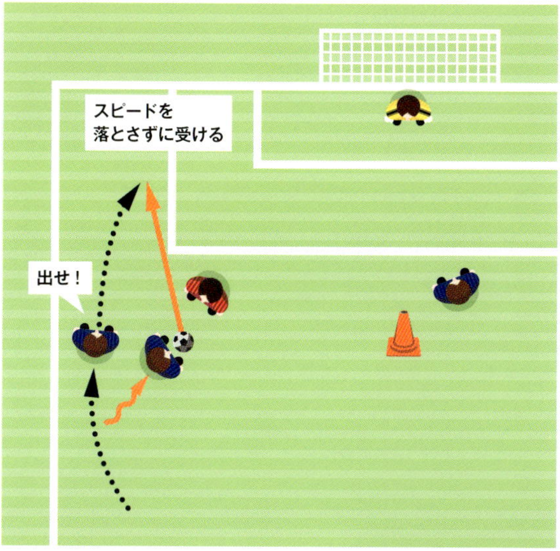

ボールを持っている選手は、背後を回って攻め上がる選手の動きが見えにくい。ボールを出してほしいタイミングでしっかりと声を掛けてボールを呼び込む。2人のタイミングが合うと、スピードに乗った状態でボールを受けられる

ポイント

ディフェンスの位置を見てプレーを判断

後ろを回った選手へパスを出すか、ドリブルでなかに切れ込むかの判断が重要になる。ディフェンスのポジションを確認して、なかを切っていればサイドを駆け上がった味方を使い、縦を切っていればドリブルでなかに切れ込む

▲DFがドリブルを警戒

▲DFがパスを警戒

指導者へのアドバイス

両足を使ってプレーできるように

両足を使えると、サイドでボールを持ったときに、縦に運んでクロスを上げられるだけでなく、なかに切れ込んで強いシュートを打つこともできる。相手に的を絞らせないためにも、両足を同等に使えるように、両サイドでのバランスの良いトレーニングを心掛けよう。

数的優位を使いこなす

ねらい

数的優位な状況をつくり出す

難易度	★★☆☆☆
時　間	ー
回　数	12本×2セット
人　数	10人＋GK1人

» 強化する攻撃要素

ビルドアップ／崩し／ラストパス／フィニッシュ

Menu 032 「3対2」＋GK（両サイドの攻撃）

今度は数的優位な状況をつくり出すための練習。
どうやったら有利な状況がつくられるかの感覚を身につけましょう。

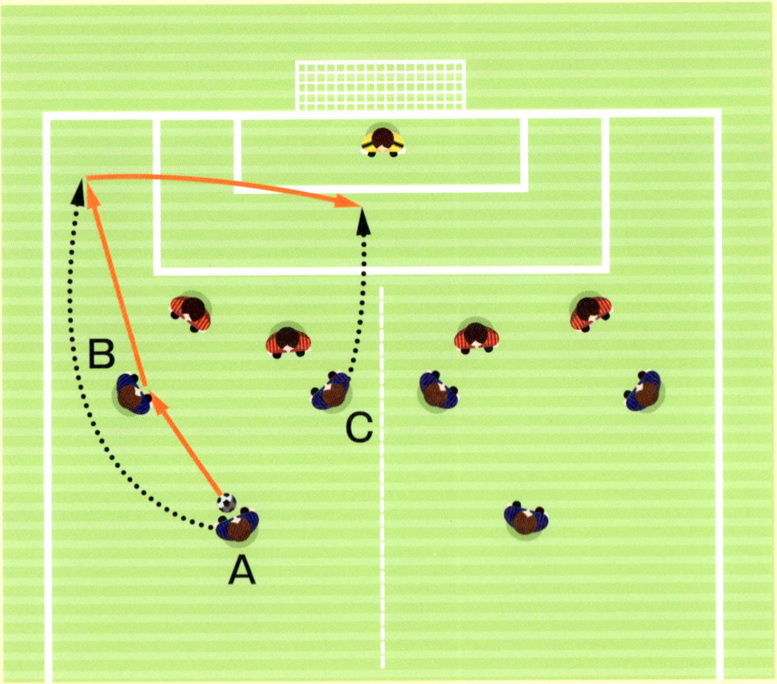

やり方

1. ピッチを縦半分に分割し、両サイドにオフェンス３人とディフェンス２人ずつをそれぞれ配置する
2. ＡからＢもしくはＣにパスを出してスタートし、ゴールを目指す。ディフェンスはパスが出たら、動き出すことができる
3. 左サイドが終わったら、右サイドでも行う

トレーニング実施のポイント

ポイント　2対1をつくる意識

最初のパスを出したAが動きを止めてしまうと、2対2の状況となり、局面の打開にはつながらない。Aが動くことによって2対1の局面をつくり出すことができ、ボールホルダーの選択肢が増えることになる

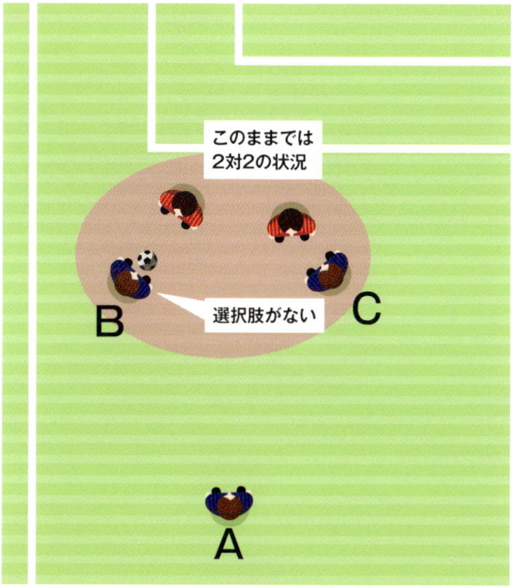

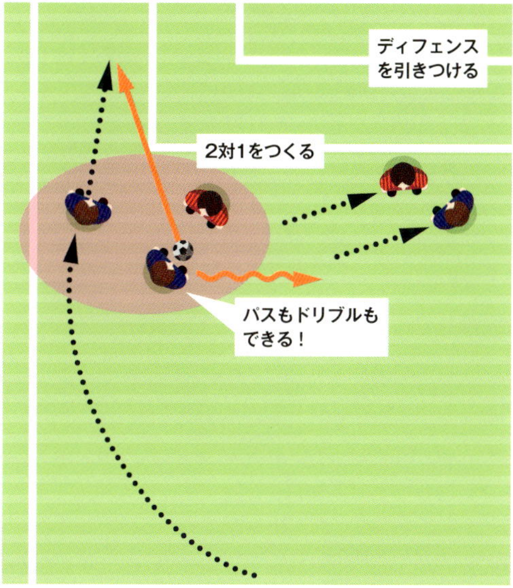

ポイント

ディフェンスを引きつける

ボールを持っていなくても、動くことでディフェンスを引きつけて味方が走り込むスペースをつくることができる。どこのスペースを空ければ、ゴールに近づけるかをイメージしながら、ポジションを取る

指導者へのアドバイス

効率良いトレーニングを

両サイドで交互に練習を行うことで、効率の良いトレーニングを絶えずに続けることができる。全体の人数やレスト（待ち）の時間を確認しながら、1メニューの参加人数を調整しよう。

数的優位を使いこなす

ねらい

ビルドアップから数的優位をつくり出す①

Menu 033 「4対3」+2GK（ツーゾーンゲーム）

難易度	★★★☆☆
時　間	3分
回　数	4本
人　数	7人+GK2人

» 強化する攻撃要素

ビルドアップ → 崩し → ラストパス → フィニッシュ

ビルドアップの段階から数的優位をつくる練習へとステップアップ。
ドリブルで前線に進入することで、チャンスは一気に広がります。

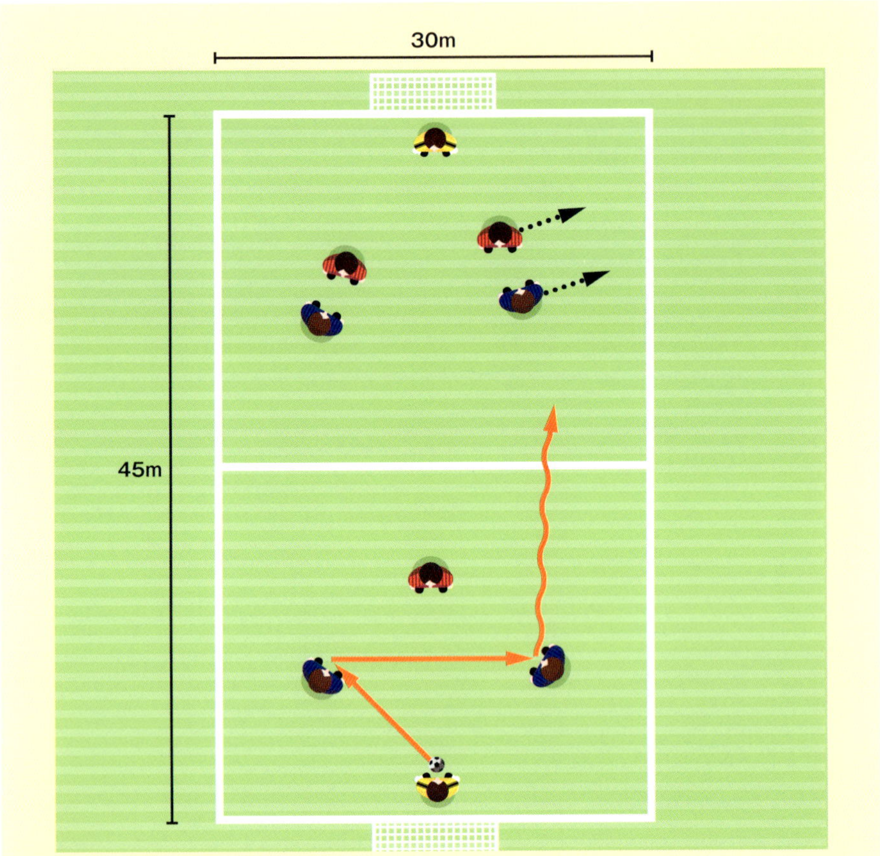

やり方

1. ピッチを横半分に分割し、後方のゾーンにオフェンス２人とディフェンス１人、前方のゾーンにオフェンス２人とディフェンス２人を配置する
2. GK から後方のゾーンの選手にパスを出してスタートし反対側のゴールを目指す
3. 前方のゾーンにはドリブルでしか進入できない

トレーニング実施のポイント

NG パスを入れる

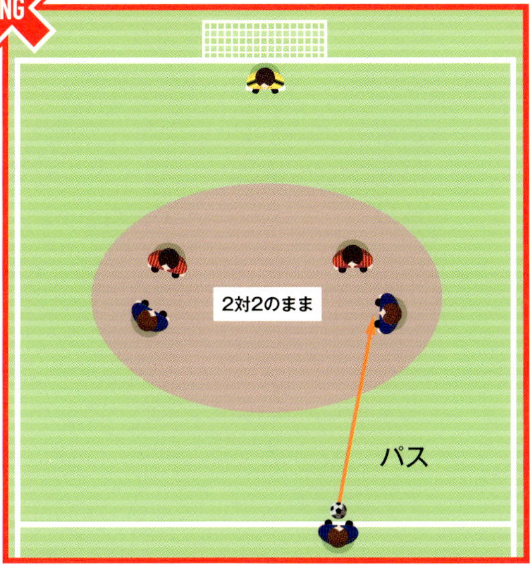

OK ドリブルで進入する

ポイント

ドリブルで数的優位をつくる

前方のゾーンは2対2と数的同数のため、後方からパスを出すだけでは局面を打開できない。後方の選手は前のスペースが空いたら、ドリブルで前方のゾーンに進入し、数的優位な状況をつくり出す

指導者へのアドバイス

ドリブルで運ぶ勇気を持たせる

後方の選手、特にセンターバックなどは足元の技術に自信を持っていない場合もあり、相手ディフェンスを怖がってすぐにパスを出してしまいがち。しかし、スペースがあるならドリブルで前へ運んで数的優位をつくらせる。このメニューのようにまずは少人数でプレッシャーが小さい状況で行い、ドリブルで運ぶ勇気を持たせよう。

トレーニング実施のポイント

ポイント　前に運ぶタイミングを見極める

NG　味方との距離が近い

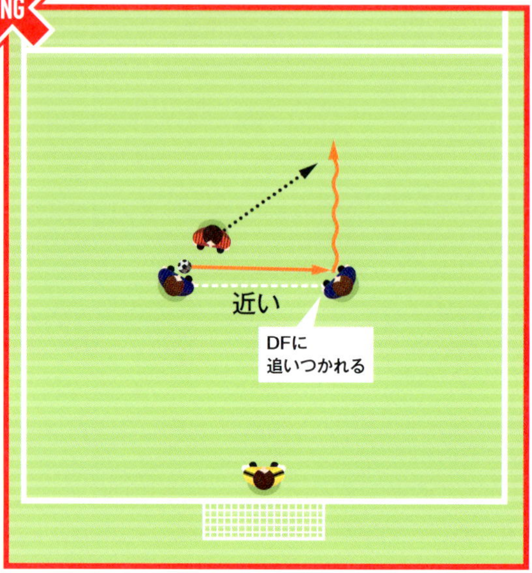

ビルドアップの場面で味方との距離が近いと、ディフェンスがすぐにプレッシャーを掛けてくる。離れた位置でボールを受け、ディフェンスのプレッシャーが間に合わないと感じたら、積極的にドリブルを仕掛ける

OK　距離をしっかりと置く

指導者へのアドバイス

無理してドリブルはさせない

センターバックなどのディフェンスの選手がビルドアップからドリブルで持ち込んで数的優位をつくることは、有効な攻撃手段ではあるが、スペースがなくドリブルするコースがない時は無理をして持ち上がることを推奨しているわけではない。ビルドアップのトレーニングについては後ほど紹介するが、低い位置からでも、「サポートの動き」や「幅と深さを使う」などといった、前進させる方法が土台にあったうえでのドリブルであることを忘れないようにしよう。

ポイント

自ら切れ込むか、味方を使うか

後方からドリブルで運んで数的優位をつくり出すことに成功したら、周囲の状況をしっかりと把握する。味方に預けて追い越してもいいし、ディフェンスが食いついてくれば、味方がフリーとなるのでパスを出せる。ディフェンスがパスを警戒して寄せてこないようであれば、ドリブルでフィニッシュまで持ち込める

Memo

ディフェンスの攻撃参加

守備の選手であるディフェンスがドリブルで持ち上がると、相手の意表を突くことができる。守備の選手であろうとも、攻撃の意識は常に持つ！

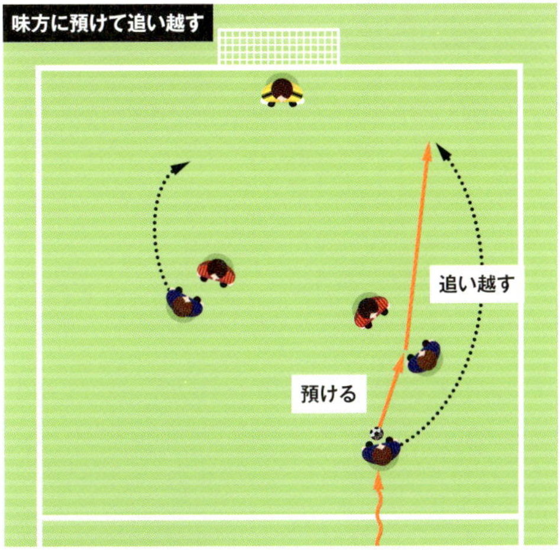

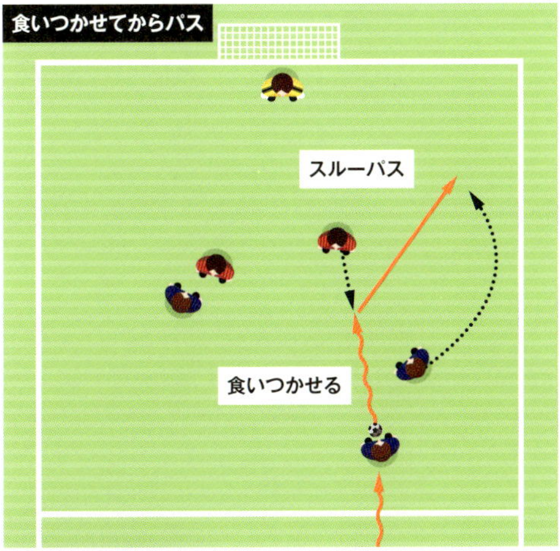

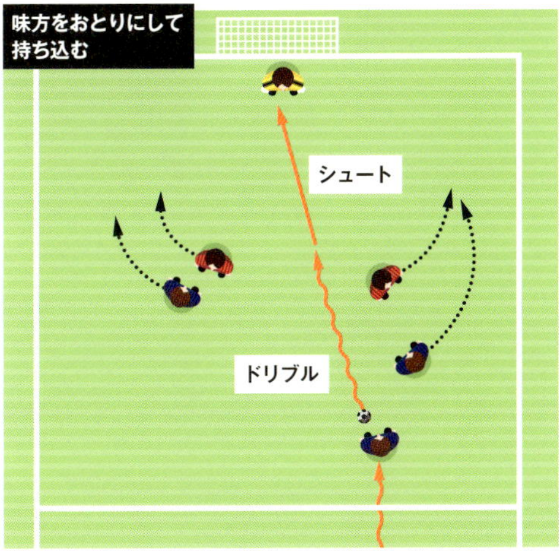

ねらい

ビルドアップから数的優位をつくり出す②

Menu 034 「6対5」+2GK（ツーゾーンゲーム）

難易度	★★★★
時 間	5分
回 数	3〜4本
人 数	11人＋GK2人

» 強化する攻撃要素

ビルドアップ / 崩し / ラストパス / フィニッシュ

次は人数を増やした状況で数的優位をつくります。
ねらいはこれまでと同じですが、より難しい局面で発揮できるかチャレンジしましょう。

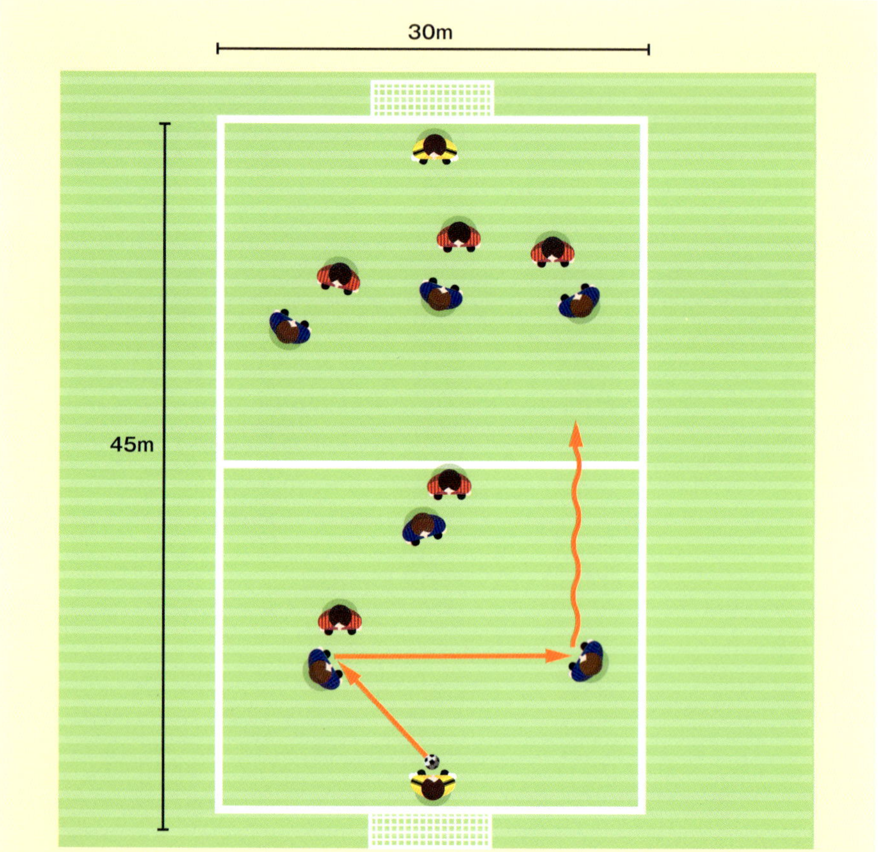

やり方

1. ピッチを横半分に分割し、後方のゾーンにオフェンス３人とディフェンス２人、前方のゾーンにオフェンス３人とディフェンス３人を配置する
2. GKから後方のゾーンの選手にパスを出してスタートし、反対側のゴールを目指す
3. 前方のゾーンにはドリブルでしか進入できない

トレーニング実施のポイント

ポイント　外だけでなく中央も使う

ディフェンスは、通常の場合、中央を警戒するので、前方のゾーンへの進入はサイドからが多くなる。ただし、ピッチ中央で数的優位をつくることができれば、プレーの選択肢はより増えてフィニッシュに持ち込みやすくなるので、中央が空いたら、積極的にねらう

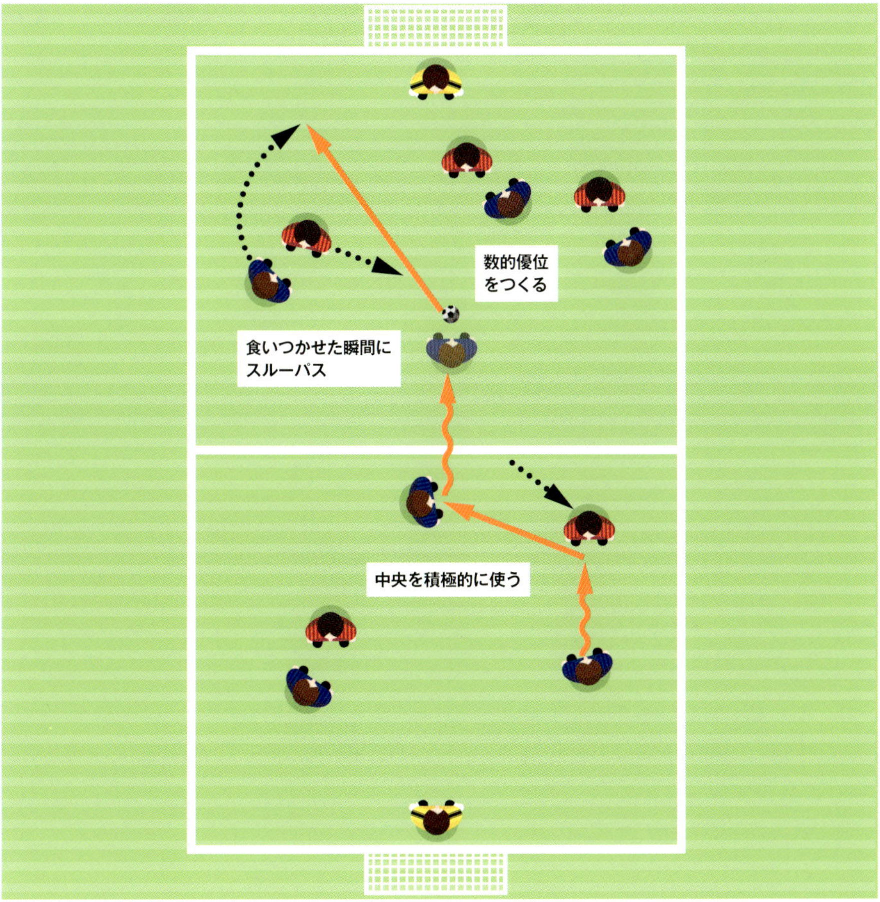

ポイント　マーカーが動いたら動く

前方のゾーンで数的優位な状況が生まれると、ディフェンスの1人はボールに食いついてくる。この瞬間を見逃さずに動き出せばフリーとなることができ、そこでボールを呼び込めればチャンスにつながる

トレーニング実施のポイント

ポイント　ボランチが下りてビルドアップに加わる

今回のトレーニングの後方ゾーンでは、2人のセンターバックとボランチが、2トップを相手にビルドアップをするイメージを想定している。11対11の実戦では、ボランチが低い位置でボールを受け、センターバックが幅を使って広がり、サイドバックが高い位置を取ることで、最終的に数的優位の状況をつくる

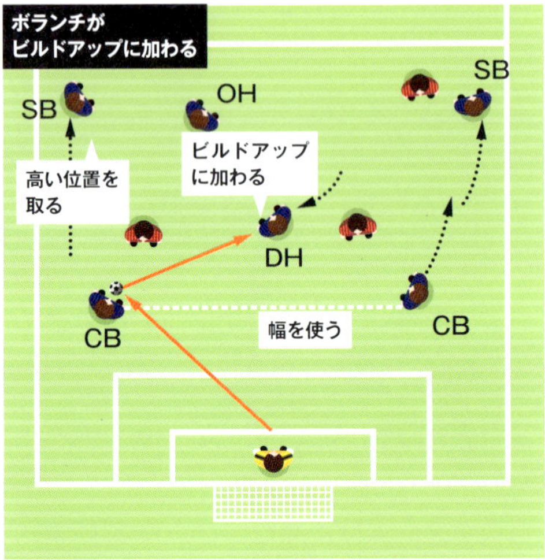

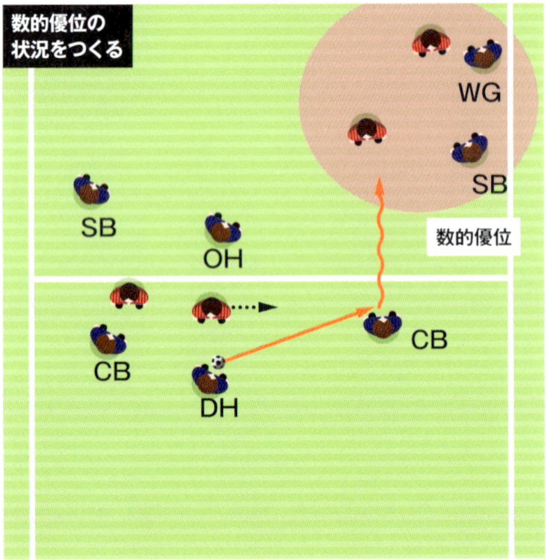

CB：センターバック
SB：サイドバック
DH：ディフェンシブハーフ
　　ボランチ
OH：オフェンシブハーフ
WG：ウイング

Memo

局面を変える意識

ディフェンスラインで、漠然とパスを回しているだけでは局面は変わらない。最終的には数的優位をつくって相手を崩すことをイメージする！

指導者へのアドバイス

顔を上げた細かいドリブル

ディフェンスラインからボールを運ぶときは、プレーの判断を状況によって素早くできるように、顔をしっかりと上げて、いつでもパスを出せるように細かいタッチのドリブルを行っているか、指導者は確認しよう。タッチの大きいドリブルはこの場面では良くない。

OK 細かいドリブル

NG 大きいドリブル

数的優位を使いこなす

ねらい

サイドバックの攻撃参加のタイミングを意識する

難易度	★★★★☆
時　間	10分
回　数	2〜3本
人　数	16人＋GK2人

» 強化する攻撃要素

ビルドアップ　崩し　ラストパス　フィニッシュ

Menu 035 「6対6」＋4＋2GKのハーフコートゲーム

サイドバックの攻撃参加は数的優位をつくるのに必須。
後方から走ってきた味方をうまく生かす術を身につけましょう。

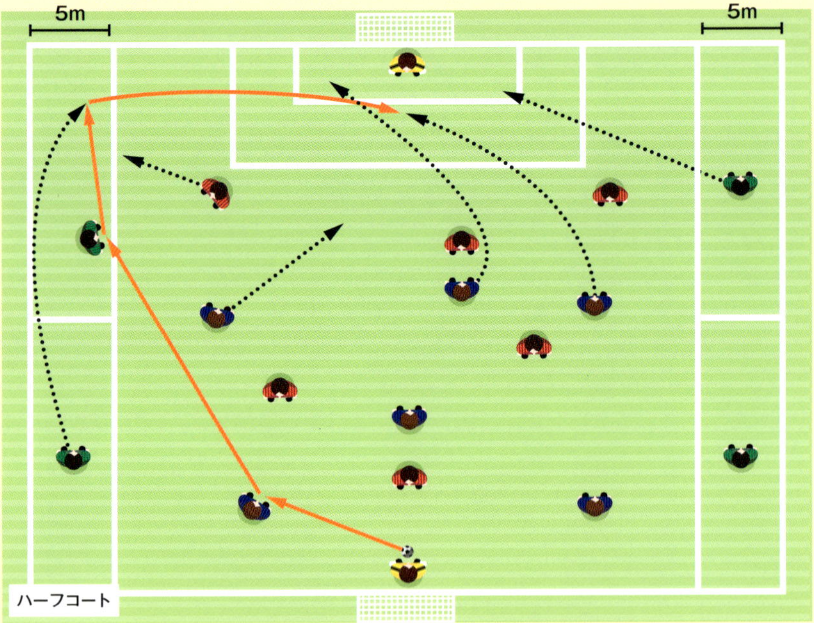

やり方

1. 図のように、両サイドに5mのゾーンをつくり、上下に分割する
2. ピッチ内にオフェンス6人、とディフェンス6人を配置し、サイドの4つのゾーンにはそれぞれフリーマンを置く
3. GKのパスからスタートし、ゴールを目指す。必ずしもフリーマンを経由する必要はない
4. 中の選手からフリーマンへのパスは、前方のフリーマンに限られる。後方のフリーマンは前方のフリーマンへボールが渡ったら、攻撃に加われる

トレーニング実施のポイント

ポイント 走りは必ず生かされる

前方のフリーマンにパスが入る瞬間に後方のフリーマンが攻め上がることで、サイドで数的優位な状況をつくることができる。その攻撃参加した選手をおとりにして、ボールホルダーがなかに切れ込んでクロスを上げるなどプレーの選択肢が増えるため、後方の選手がたとえボールを受けることができなくても、ランニングは無駄にはならない

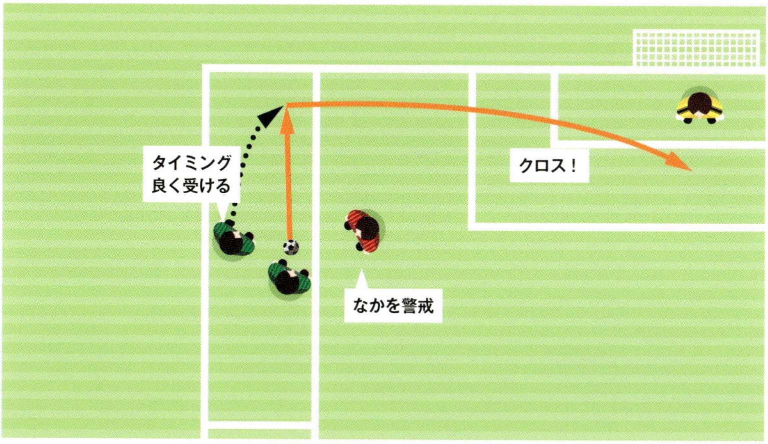

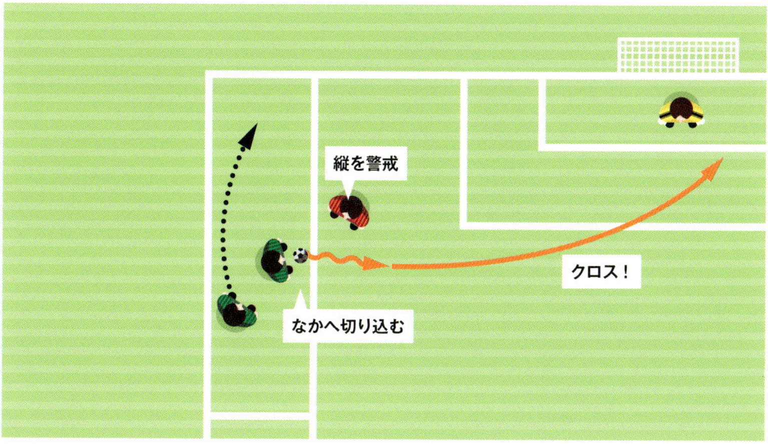

Memo

目的はあくまでゴール

サイドのフリーマンを使った攻撃をねらいとしているが、目的はあくまでゴールを奪うこと。中央が空いているなら、そちらが優先！

トレーニング実施のポイント

ポイント サイドチェンジを効果的に使う

ボールサイドにはディフェンスが当然寄せてくるので、逆サイドの選手はフリーになりやすい。サイドチェンジを通すことができれば、相手ディフェンスの寄せが遅れてチャンスにつながるので、出し手だけが逆サイドを意識するのではなく、受け手も声を出してボールを呼び込む

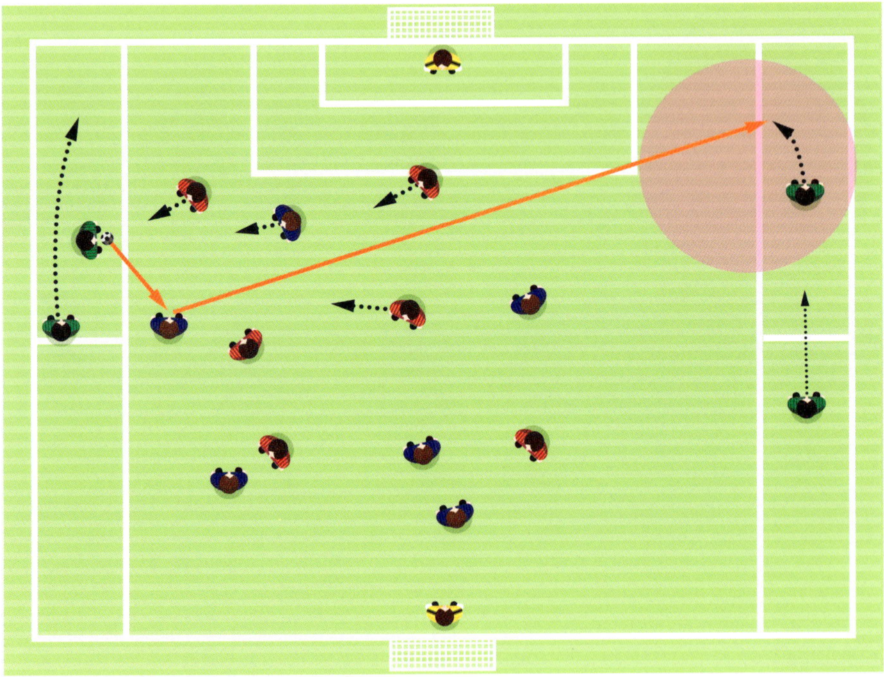

Memo

一発で蹴る必要はない

一発のキックでサイドチェンジができればそれに越したことはないが、中学生年代だと、まだキック力不足で難しい場合がある。その場合は、中央の選手を経由して逆サイドへ素早く展開しよう。

指導者へのアドバイス

クロスへの飛び込みも意識する

サイドをえぐる局面が必然的に多くなるので、クロスにどう飛び込むかというトレーニングにもつながる。クロスを上げることを終着点にするのではなく、クロスをゴールに結びつけることを意識させよう。

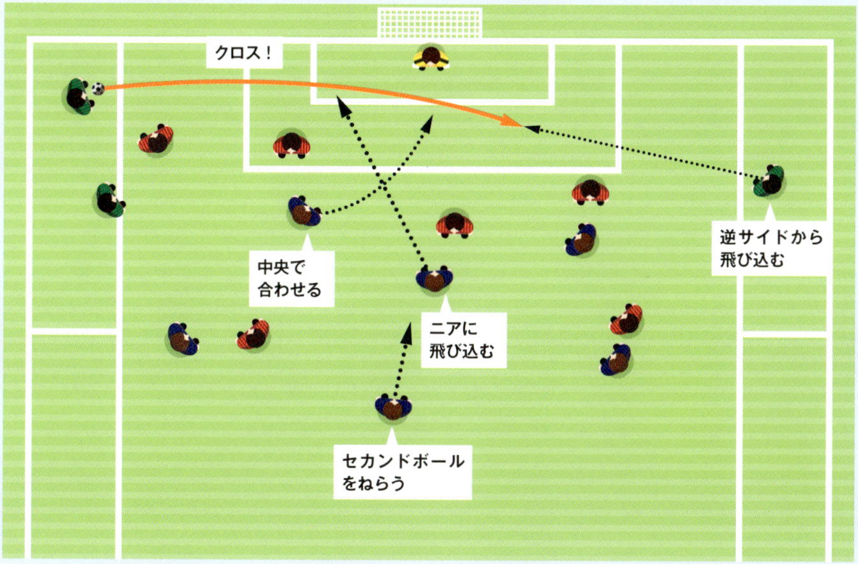

クロスボールとは⁉

サイドから中央へ送るパスのことである。サイドをえぐってクロスボールからゴールを奪うためには、ボールに合わせるFWの飛び込みが必要。背の高さやヘディングの強さといった能力は必要だが、必須ではない。飛び込むタイミングや飛び込む場所などのイメージがチーム内で共有されていれば、FWの身長が低くても、タイミングを合わせて低く速いクロスボールを送ることでゴールを奪うことが可能になる。

コラム 5

選手指導において難しいこと

選手の指導を行っていくなかで一番難しいことと言えるのが、心のある人（人間）を指導しているということです。選手は画一されたロボットではありませんし、同じ選手は誰ひとりとして存在しません。

また、人間にはもちろん心があり感情がありますので、選手の心理状態は日々変わります。特に育成年代の選手は身体的にも精神的にも大きく成長するので、「過去の自分」と「現在の自分」との違いはより大きいものです。

指導者が同じ言葉を掛けても、反応がある選手もいれば、全く反応がない選手もいます。選手によって受け取り方が異なるのです。また同じ選手でも、言葉を掛けるタイミングや心理状態によって受け取り方が変わってきます。そこに指導していくうえでの難しさがあります。ですから、指導者は常日頃から選手をよく観察し、選手の置かれている状況や立場を考え、選手と直接コミュニケーションを取り、選手の心理状態を把握していくことが大切です。

これまでに私が指導してきた海外の選手は、指導者に自分の意見をよく述べて、質問してきました。時には言い返してくることも多々ありました。しかしそこで、「君はそう考えているけど、こうした方がもっと良いプレーができたのではないか？」とお互いにリスペクトしながら、納得のいくまで話をします。一方的にならずにやり取りがあるからこそ、選手が考えていることをよく理解できますし、選手と指導者との理解も深まります。

日本人の選手は比較的に内向的な選手が多く、自分から積極的にコミュニケーションを取ることが苦手な選手も多いです。そのため、チームメイト、指導者とのコミュニケーションを取りやすいチームの雰囲気づくりをしていくことがとても重要です。

第6章

3人目の動き

得点機会をつくり出すための、
3人目の動きを身につけるトレーニングを紹介します。

「3人目の動き」の重要性

➔「3人目の動き」とは？

» Ａ からＢ へのパスの移動中に、
「3人目」のＣが、Ｂからボールを
受けるために動くこと

なぜ必要？

» パスが成功すれば、「3人目」の選手は
前を向いてボールを受けることができ、
良い体勢で相手陣内に進入することができる

» ボールの移動中に
複数人が連動して動く攻撃となるので、
ディフェンスはボールと選手の両方を
見なくてはならず、対応が難しい

» ボールが移動中に動くことで、
攻撃スピードが上がるので、
ディフェンスは対応が難しい

「3人目の動き」で連動性ある攻撃を

プレーに連続性を生み出し、よりスピーディーな攻撃を仕掛けるのに必要になるのが「3人目の動き」です。AからBへパスを送り、そのボールの移動中にCがBからのボールを受ける位置にサポートに入ることで、「3人目」の動きは成立します。Aから見るとCは「3人目」になりますが、Bにボールが渡ってからCが動き出すのでは、3人ではなく2人の関係性になってしまうので、ボールの移動中にCが動き出すことが重要です。

さらにAからBにボールが渡ったあとにCが動き出すのでは、ディフェンスにとっては次のプレーの予測が容易となり、対応しやすくなってしまいます。しかし、「3人目の動き」でパスを受けることになれば、Cは前を向いた状態でボールをもらえるため、攻撃をスピードアップさせることができます。スピードアップすれば、ディフェンスの対応が遅れて守備組織を崩しやすくなるでしょう。そして、選手一人ひとりが走ることができなければ、「3人目の動き」は成立しませんので、走り切る持久力が必要不可欠と言えます。

この章では、「3人目」の動き出すタイミングやプレーの先を予測する力を養うトレーニングを紹介していきます。現代サッカーでは「3人目の動き」が重要だと、よく言われています。トレーニングで成功体験を積むことによってイメージをつかみ、実際のゲームのなかでアイディアが出てくるように練習に取り組みましょう。

ねらい

3 人目の動きを使って、前向きにボールを受ける

難易度	★☆☆☆☆
時　間	1.5分
回　数	5本
人　数	5人＋GK1人

» 強化する攻撃要素

ビルドアップ　崩し　ラストパス　フィニッシュ

Menu 036 「2 対 2」＋1＋GK

3 人目の動きは局面を打開するために必ず身につけなければなりません。
まずはその感覚を養うトレーニングで動き方を覚えましょう。

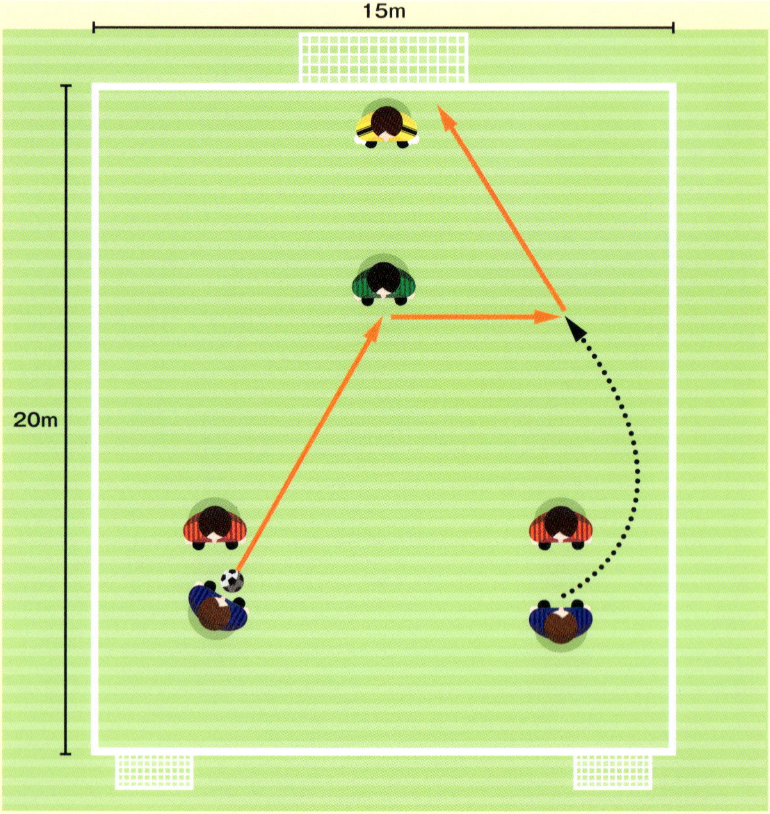

やり方

1. 片側に通常のゴール、逆側に 2 つのミニゴールを用意する
2. ピッチ内にオフェンス 2 人、ディフェンス 2 人、フリーマン 1 人、GK を配置する
3. オフェンスが通常のゴールを目指して攻撃する
4. フリーマンはシュートを打てない。フリーマンを経由せずにシュートを打っても良い
5. ディフェンスはボールを奪ったら、ミニゴールをねらってシュートを打つ

トレーニング実施のポイント

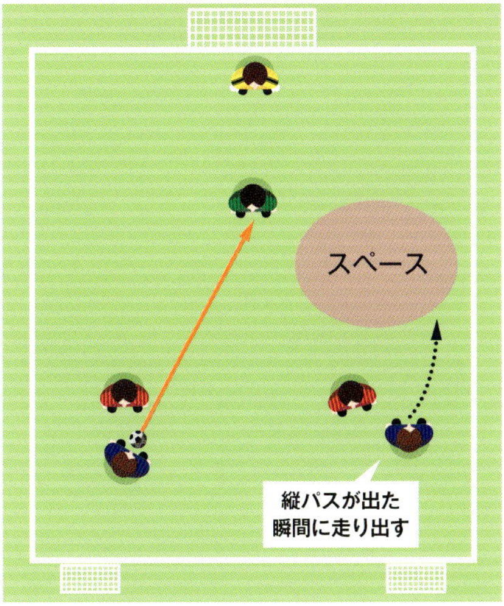

ポイント

縦パスが出た瞬間に飛び出す

フリーマンに縦パスが出た瞬間に、3人目がスペースに飛び込む。サポートに素早く入ることで前を向いた状態でボールを受けることができ、ゴールに向かうプレーの選択肢が増える。反応が遅れると、ディフェンスがゴール前のスペースを埋めてしまうので、迷いなく動き出す

ポイント

フリーマンをおとりに使う

フリーマンを経由しなくてもいいというルールにすることで、ディフェンスとの駆け引きが生まれる。ディフェンスがなかに絞ったら外に走り込んだ選手を使ってもいいし、パスを出す振りをしてドリブルでボールを運んでもいい。状況を確認して、どのプレーが最善かを判断する

指導者へのアドバイス

フリーマンは中央でプレーさせる

フリーマンがサイドに流れてボールを受けてしまうと、サイドからのクロスのような練習になってしまい、本来の練習のねらい通りにならない。そのため、ある程度、動きを中央のエリアに制限する。実際の試合ではフリーマンの後ろにディフェンスがいると想定できるので、フリーマンの位置はオフサイドポジションでも問題はない。

ねらい

素早い攻守の切りかえで3 人目の動きを使う

難易度	★★☆☆☆
時　間	2分
回　数	4本
人　数	6人＋GK2人

» 強化する攻撃要素

ビルドアップ　崩し　ラストパス　フィニッシュ

Menu 037 「2 対 2」＋2＋2GK のシュートゲーム

両側にゴールと GK を置き、ゲーム形式にしてみましょう。
人数が少ないぶん、攻守の素早い切りかえが大切です。

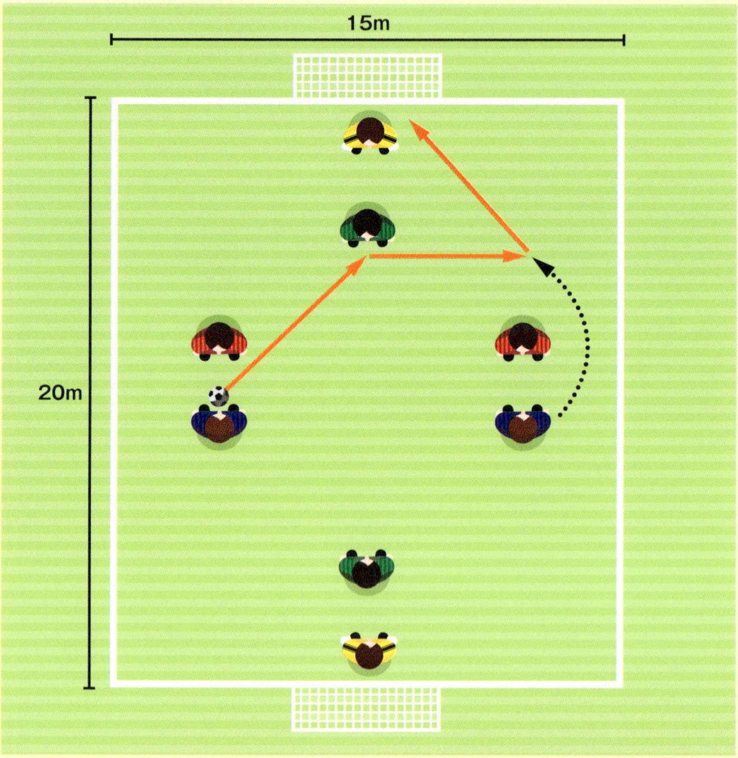

やり方

1. ゴールを２つ用意する
2. ピッチ内にオフェンス２人、ディフェンス２人、フリーマン２人、GK2 人を配置する
3. GK からスタートし、オフェンスはゴールを目指して攻撃する
4. フリーマンはシュートを打てない。フリーマンを経由せずにシュートを打っても良い
5. ディフェンスがボールを奪ったら攻守交代し、フリーマンを使って逆側のゴールを目指す

トレーニング実施のポイント

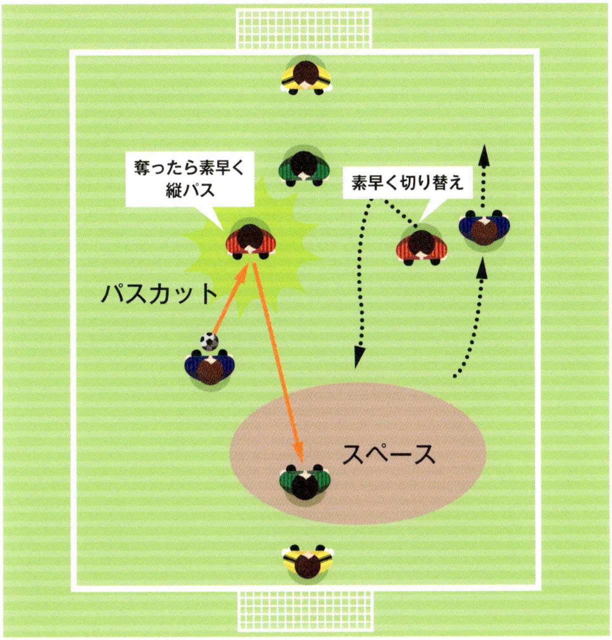

ポイント

攻守を素早く切りかえる

ディフェンス側はボールを奪ったら、逆側のゴールを目指すことになる。ボールを奪った瞬間は縦パスを入れやすい状況になっているので、フリーマンはボールを受けられる位置に素早く顔を出し、縦パスを呼び込む。同時に、攻撃に移った側はパスが出たあとに3人目の動きで前線へと素早く飛び出せば、フリーマンの選択肢を増やすだけでなく、相手ディフェンスに的を絞らせないことにもつながる

クサビを打ち込むとは⁉

FWに縦パスを入れることを「クサビを打ち込む」と言います。縦パスが入ることでボールを受けた選手に対するディフェンスの注意を引くことができ、ディフェンスが動くことでスペースが生まれやすい。そして、落としを受ける選手が前を向いてボールを受けることができれば、大きなチャンスにつながりやすい。つまり、クサビを打ち込むと、攻撃のスイッチが入ることなる。

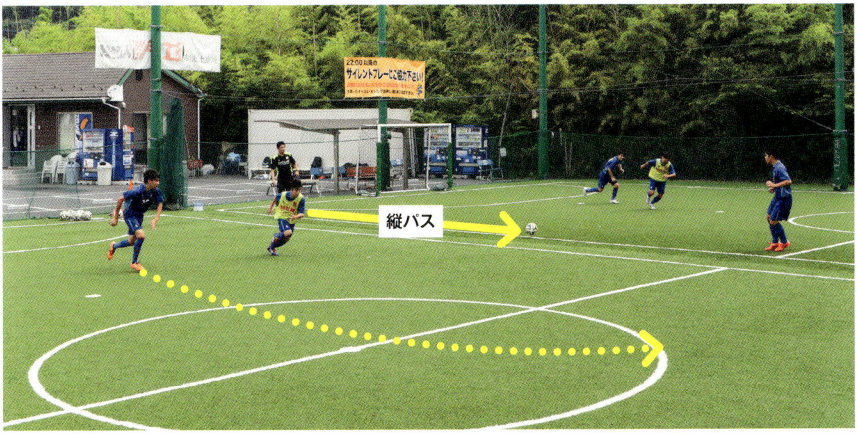

難易度	★★☆☆☆
時　間	1.5分
回　数	6本
人　数	8人

≫ 強化する攻撃要素

ビルドアップ　崩し　ラストパス　フィニッシュ

ねらい

サイドを使った 3 人目の動きを身につける

Menu 038 「2 対 2」＋4（ラインゲーム）

縦と横にフリーマンを置いてゲーム形式で行います。
パスコースは多くありますが、どこを使うかの判断をしっかり行いましょう。

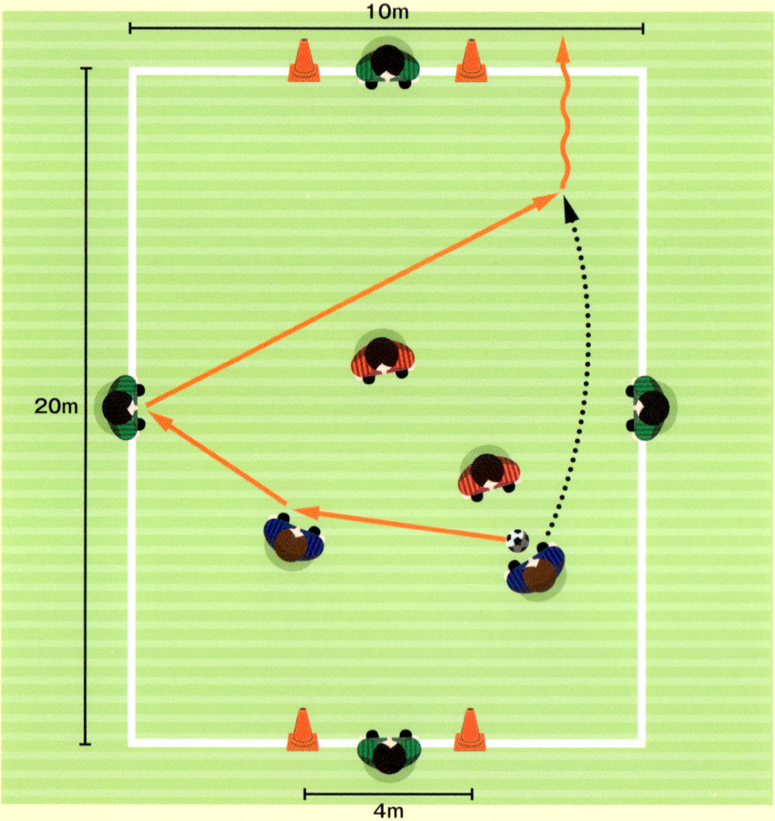

やり方

1. グリッド内にオフェンス２人とディフェンス２人、各辺にフリーマンを配置する
2. 短辺のフリーマンが動ける範囲はコーンで 4m に制限する
3. フリーマンを使いながら、ドリブルでラインを通過することを目指す
4. 長辺のフリーマンから短辺のフリーマンへはパスはできるが、逆の展開はなしとする

トレーニング実施のポイント

ポイント

3人目の動きを見る

グリッド内の選手が的確なポジションに走り込むのはもちろんだが、その動きをフリーマンが見逃さないようにしないと攻撃は停滞してしまう。ボールを受ける前に味方の動き出しを確認し、受け手がコントロールしやすい位置にパスを通す

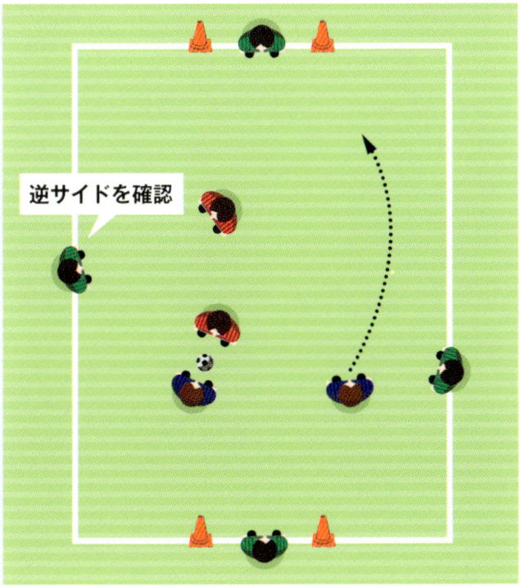

ポイント

前かサイドかどちらを使うか判断

ディフェンスのポジションによって、ギャップを突いて前線のフリーマンに当てるか、それともサイドのフリーマンを使うかの判断が重要になる。ディフェンスだけでなく味方のポジションも把握して、どのフリーマンにパスを出すべきかを判断する。優位な状況を生み出せそうなフリーマンも、声を出して積極的にボールを呼び込む

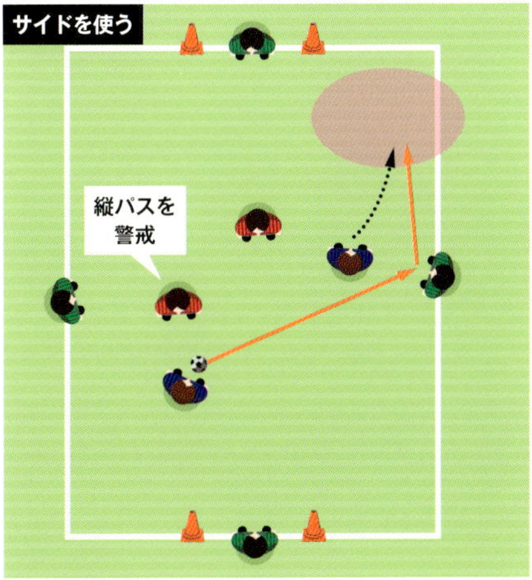

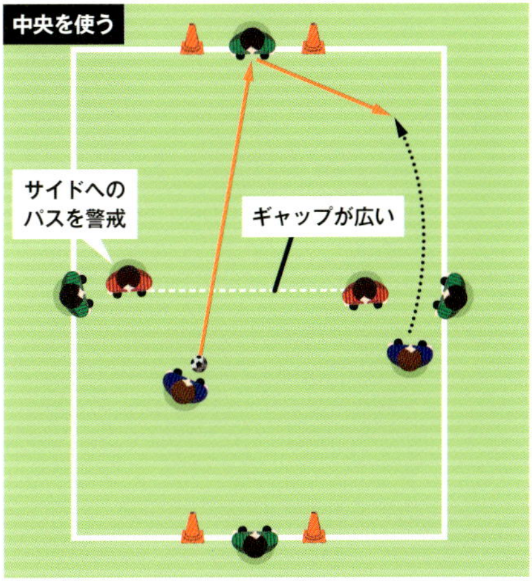

Arrange

オフサイドを設けて難易度アップ

長辺のフリーマンの動きに制限はないが、オフサイドを設けることで練習の難易度を上げることができる。フリーマンはディフェンスの位置をしっかりと確認しながらスペースへ飛び出すタイミングを考えなければいけなくなり、より正確なボールをタイミング良く入れる必要がある。

ねらい

攻撃のスイッチである縦パスのイメージを共有

難易度	★★★★★
時　間	3分
回　数	6本
人　数	8人＋GK2人

» 強化する攻撃要素

ビルドアップ　崩し　ラストパス　フィニッシュ

Menu 039 「3対3」＋2＋2GK

少し広めのピッチを使って3人目の動きを練習。
縦パスが出た瞬間に走り込むことを頭に置いてプレーしましょう。

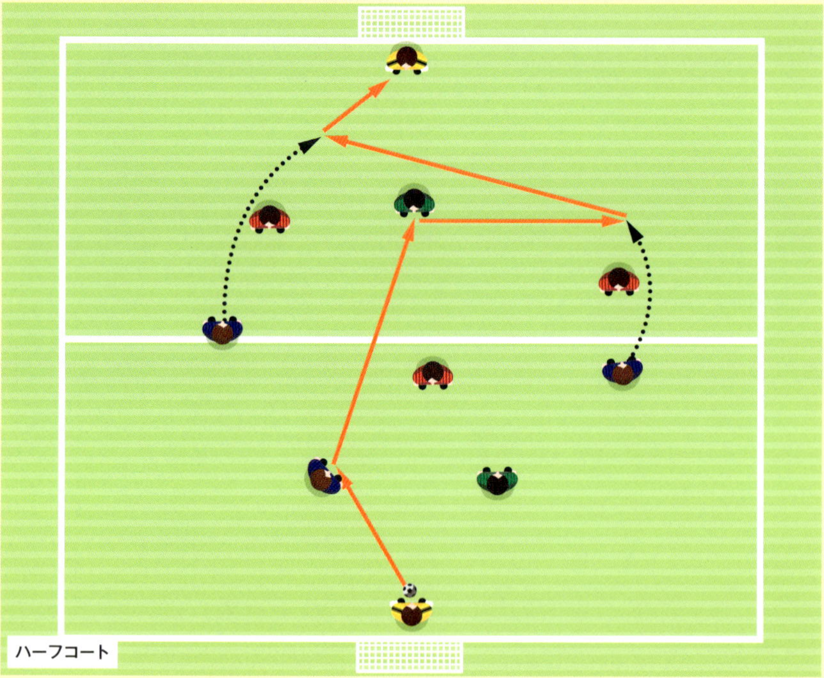

やり方

1. ハーフコートにゴールを2つ用意する
2. ピッチ内にオフェンス3人、ディフェンス3人、フリーマン2人、GK2人を配置する
3. GKからスタートしオフェンスはゴールを目指して攻撃する
4. オフェンスは前方のフリーマンのみ使うことができる
5. フリーマンはシュートを打てない。フリーマンを経由せずにシュートを打っても良い
6. ディフェンスがボールを奪ったら攻守交代し逆側のゴールを目指す

トレーニング実施のポイント

ポイント 縦パスが入ったら前へ

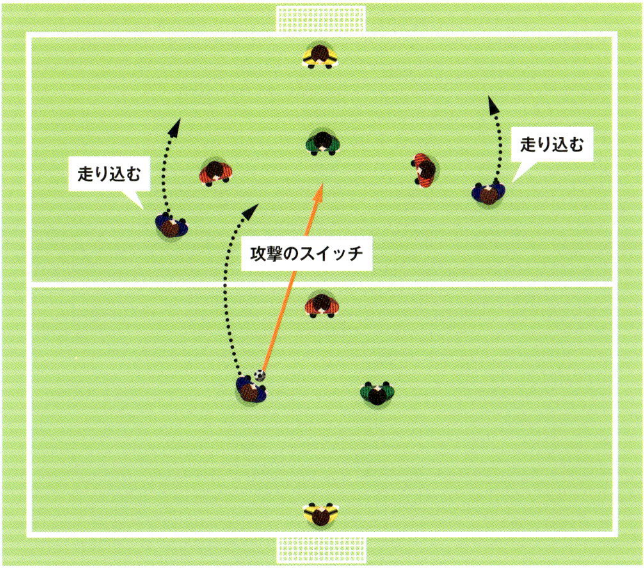

縦パスが入ることで攻撃はスピードアップする。フリーマンにクサビが入った瞬間に周囲の選手が前線に走り込むことで、ゴールに近づくことができる。同じ位置に走り込むのではなく、複数のパスコースが生まれるようにポジションを取る

ポイント 横パスでギャップを広げる

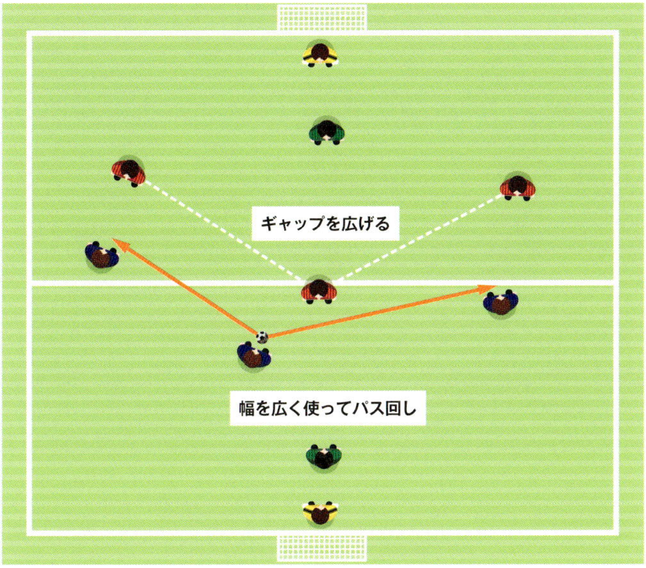

ディフェンスは縦パスを警戒しているので、簡単には縦パスを打ち込めない。横パスでディフェンスを左右に揺さぶることで、徐々にギャップが広がってくる。横パスだけでは局面を打開できないので、広がったギャップを突いて縦パスを打ち込む

トレーニング実施のポイント

ポイント リスクマネジメントの意識を持つ

フリーマンに縦パスが入ったときに、必要以上の人数が前線に走り込んでしまうと、ボールを奪われた場合にカウンターを仕掛けられてしまう。今回のメニューでは3対3であるため、両サイドと中央のスペースに3人が走り込むことは問題ないが、4対4などでトレーニングを行う際は、攻守のバランスを見ながら、誰かがカウンターに備えるなど、リスクマネジメントの意識を持つ

NG カウンターのリスクがある

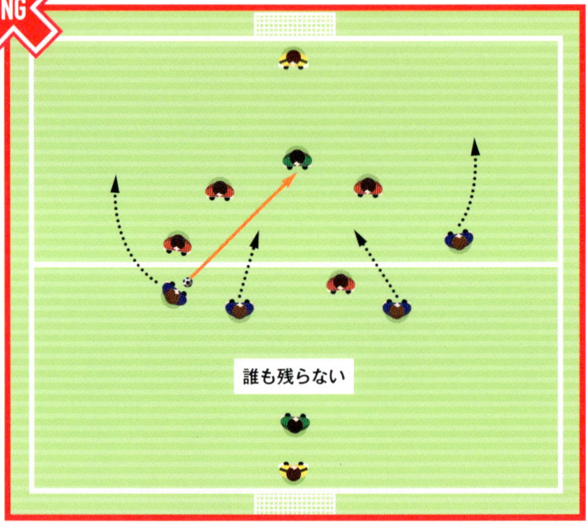

◀縦パスに対して4人が落としを受けるために動き出すと、ボールを奪われたら残っている相手FWにあっさりとパスを通されてピンチを招く

Memo

意図が合わずにカウンターを受けてしまったら、味方同士でコミュニケーションを取って確認し、修正しよう。

OK リスクマネジメントができている

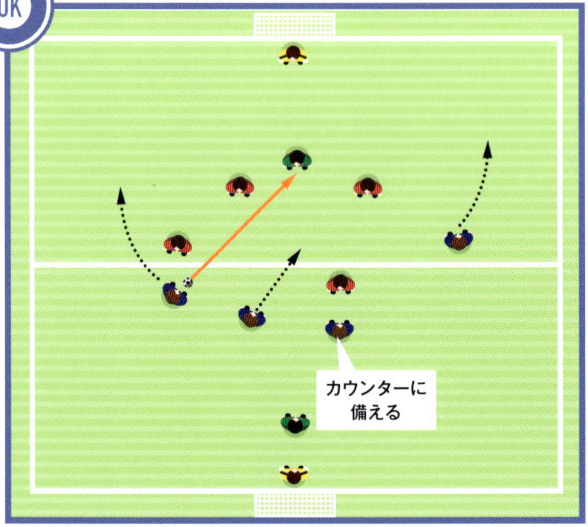

◀1人は後ろに残っているため、ボールを奪われてもカウンターに対処できる

攻撃のリスクとは⁉

チャンスとピンチは表裏一体

サッカーはゴールを奪うスポーツである以上、チャンスのときには一定の人数をかけて攻撃し、ディフェンスを崩しにかかることが必要になる。その際には、当然ながらチーム全体の意識が攻撃方向に向くため、ボールを奪われると相手に広大なスペースを与えることになり、一気にピンチを招く可能性が高まる。カウンターを防ぐためにはリスクマネジメントとして、チーム内の誰かが必ずディフェンスに残るなど約束事を事前につくっておくことが必要。ただし、その選手が絶対に攻撃参加しないと相手がわかってしまうと、警戒する必要もなくなるので、守備がやりやすくなる。逆に、機を見てその選手が攻撃に参加することができれば、警戒心が薄い相手の裏をかくことにもなる。もちろん、その際には別の選手がカバーに入ることが必要になる。チームとしての約束事を守りつつ、状況を見て臨機応変に判断してプレーを変えていく必要があるわけだ。コーチは選手がその点を意識してプレーを行っているか、しっかりと観察してコーチングを行っていこう。

▲カウンターは最大のチャンス。だが、リスクマネジメントはしっかりと

難易度	★★★★☆
時　間	3分
回　数	6本
人　数	12人

ねらい

次のプレーを予測して、3人目の動きの連続を引き出す

» 強化する攻撃要素

ビルドアップ　崩し　ラストパス　フィニッシュ

Menu 040 「5対5」+2のフリーゾーンつきポゼッション

実際のゲームではスペースは限られています。
人数を増やし、スペースも少なくなったなかで3人目の動きを生かせるかチャレンジしましょう。

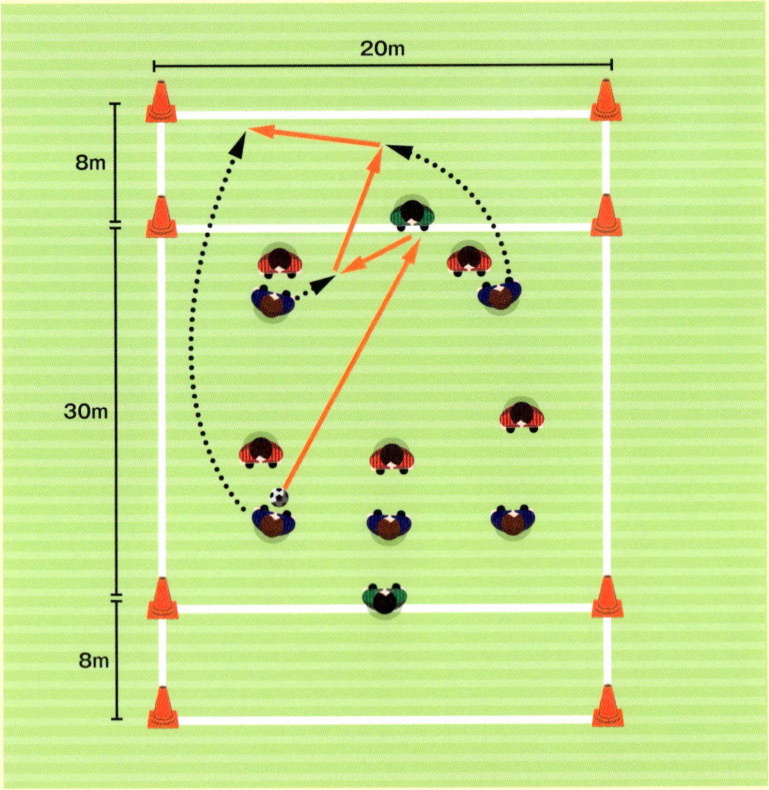

やり方

1. ピッチを縦に8m、30m、8mと3分割する
2. 30mのエリア内にオフェンス5人とディフェンス5人、8mエリアと30mエリアの境界線上にフリーマンを1人ずつ配置する
3. フリーマンを必ず経由し、フリーマンのパスを受けた選手が前方の8mのエリアにパスを出す
4. 走り込んでパスを受けた選手が、8mのエリア内でパスをもう一度通したら得点とする

トレーニング実施のポイント

ポイント　次のプレーを予測して動く

フリーマンに縦パスが入った時点で、攻撃側の選手は次のプレーを予測して動き出す。周囲の選手はディフェンスのマークを外し、的確な位置にサポートに入る。ボールを呼び込むだけでなく、ボールを受けた選手のパスコースをつくり出しておく

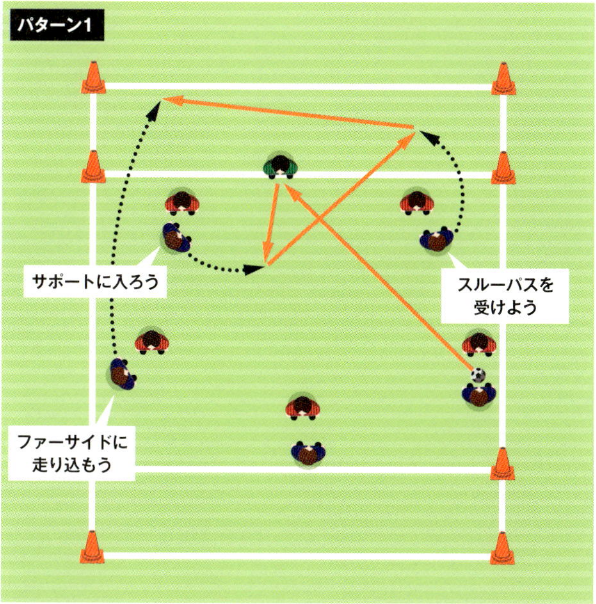
パターン1
サポートに入ろう
スルーパスを受けよう
ファーサイドに走り込もう

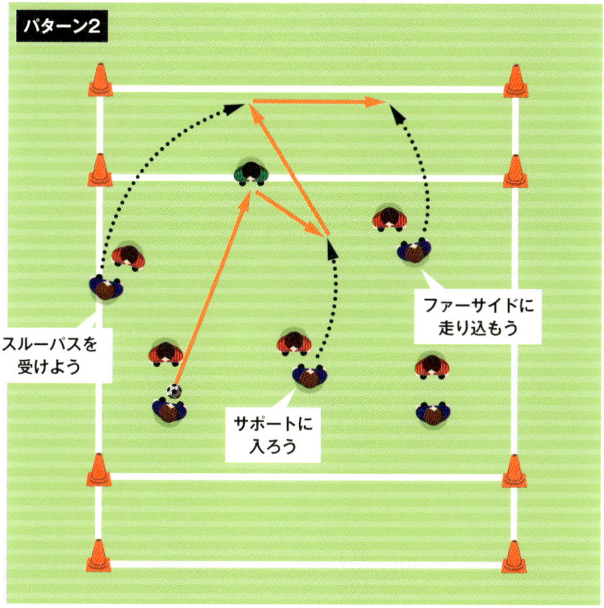
パターン2
スルーパスを受けよう
ファーサイドに走り込もう
サポートに入ろう

トレーニング実施のポイント

NG パスを落とす先がない

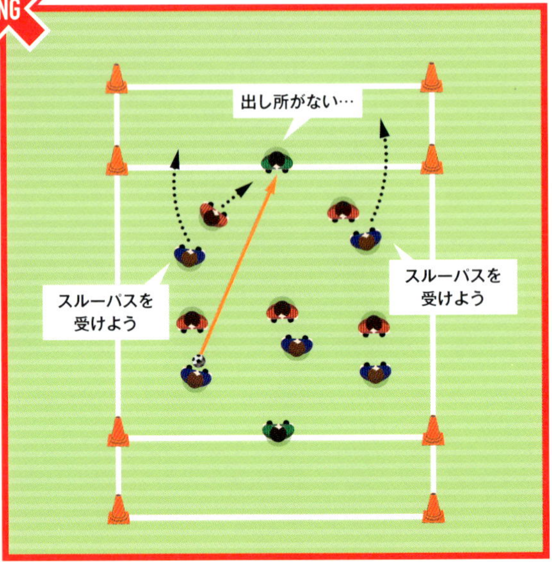
出し所がない…
スルーパスを
受けよう
スルーパスを
受けよう

◀スペースをねらう動きが被り、
フリーマンからのパスの出し所がない

ポイント

動きは被らないように

攻撃側の選手は縦パスをスイッチとして前線へと動き出すことになるが、他の選手と動きが被らないように意識したい。フリーマンから落としを受ける、スペースに走り込む、カウンターを警戒するなど、選手たちは状況に応じて役割を分担する

NG 誰もスペースに飛び込まない

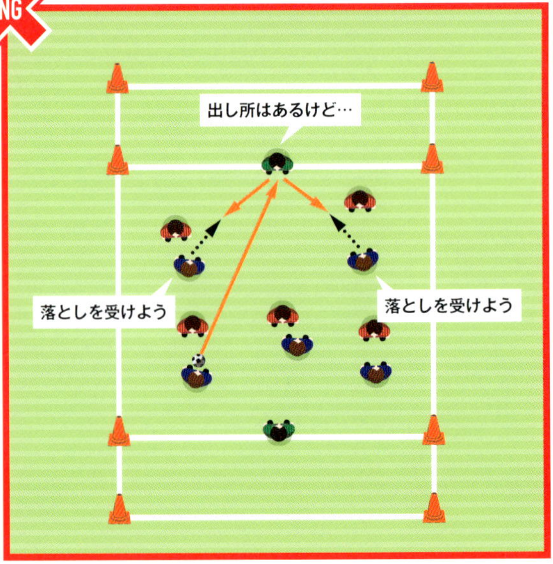
出し所はあるけど…
落としを受けよう
落としを受けよう

◀サポートに入る動きが被り、
パスコースはあるが前に進めない

3人目の動きの連続とは!?

連動性のある動きで主導権を握る

連動性のある攻撃を行うためには、3人目の動きが欠かせない。ただし、1人がこの動きを行うだけではチャンスは簡単には生まれない。複数の選手がボールの動く先を予測しながら、またそれぞれのボールの先で複数の選択肢が生まれるような動きを続けることでボールを前進させることができ、ディフェンスを崩すことにつながる。主導権を握って3人目の動きの連鎖を成功させることができれば、ディフェンスの対応は後手になり、ついてくることができない。

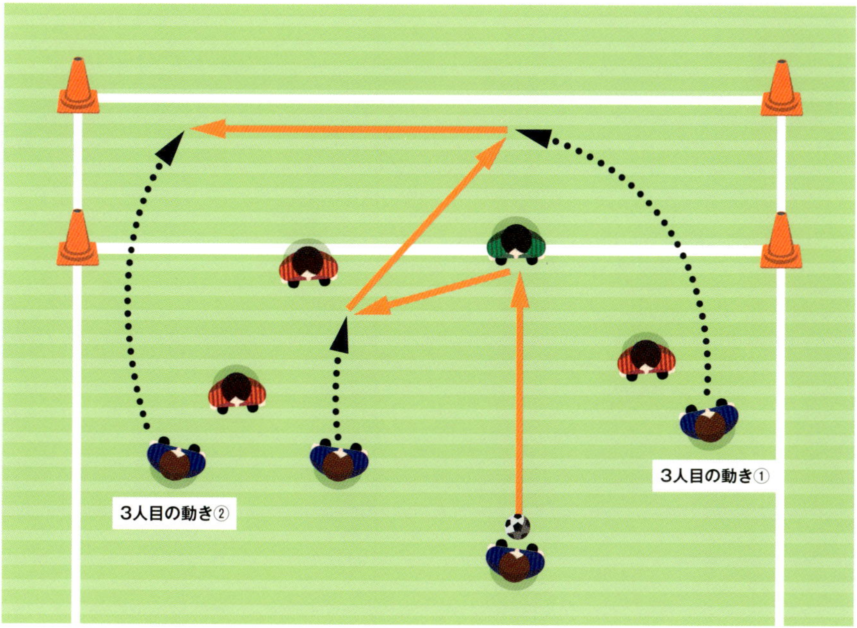

▲3人目の動きが連続で成功すれば、一気にチャンスとなる

指導者へのアドバイス

うまくパスが成功しないときには

どの段階で攻撃が失敗しているのかを確認しよう。フリーマンへのパスが通らないようであれば、ピッチの幅をうまく使うことができないなどの可能性がある。フリーマンに通ったあとプレーが続かないようなら、ボールを受ける選手の動きが被っていたり、動きをディフェンスに読まれていたりしていることなどが考えられる。選手同士で考えさせるのか、コーチがアドバイスを与えるのか、選手を観察して判断しよう。

コラム 6

1週間のトレーニング計画

近年、日本の育成年代においては、年間を通じたリーグ戦が採用されはじめて徐々に浸透しつつあります。しかし、カテゴリーによっては、リーグ戦などの公式戦が毎週あるわけではない場合があります。とはいえ、週末の試合が公式戦ではなくトレーニングマッチであったとしても、チームと各選手の状態、レベル、成長を把握するためにも、できるだけコンディショニングを整えて良い状態で試合に臨むことが必要と言えるでしょう。コンディションが悪い状態で試合を行っても、選手は持っている力を発揮できず、彼らの状態、レベル、成長を指導者は正確に確認することができません。良いコンディションで週末の試合を迎えるためには、試合を中心としたトレーニング計画を立てることが重要です。

週間のトレーニング計画を組み立てる場合、フィジカル面については年代に応じたトレーニングを行うことを基本としながら、負荷の高い持久力系のトレーニングは試合から遠い日に取り入れ、スピード・アジリティトレーニングを試合が近い日に行います。特に公式戦がある競技期においては、週の前半にトレーニングの量を増やし、試合が近い週の後半にはトレーニング量を減らしてコンディションを調整します。技術面ではパス、シュート、ドリブル、コントロールなどの技術トレーニングを常に取り入れることが育成年代では重要です。また戦術面では、プレーモデルの構築状況と照らし合わせながら、前回の試合をチェックして課題を抽出し、次の試合に向けた準備を含めてトレーニング計画を組み立てます。

第7章

チーム戦術トレーニング

これまでに身につけた動きを総合的に
使いこなすためのトレーニングを紹介します。

チーム戦術トレーニングの重要性

チーム戦術トレーニングとは？

» 積み重ねてきたテーマ別の技能を、
実際のゲームに近い形で
総合的に実践するトレーニング

？ なぜ必要？

» 身につけた最小局面での動きを、
より大きい場面で実行できる
力を養う必要がある

» 反復練習を繰り返し、チーム全体で
イメージを共有して実戦のリハーサルを
行うことで、成功の可能性を高めることができる

局面を実戦につなげるトレーニング

これまでは局面でのトレーニングを主に紹介してきましたが、積み重ねてきたものを実際の11人対11人のゲームで活かせなければ意味がありません。ゲームにより近い形でのトレーニングでリハーサル作業を行い、本番となるゲームへの準備を進めていく必要があります。しかし、ただ11人対11人の紅白戦をこなせばいいというわけではありません。目的をしっかりと持って練習を積み重ねるのが、実際のゲームで力を発揮することへとつながっていきます。

たとえば「ビルドアップ」「サイド攻撃」と場面を想定してトレーニングすることにより、実際にゲームで同じシチュエーションになったときに、「こう動けばチャンスになった」「ここにパスを出すとシュートまで持ち込めた」とイメージが自然と湧き、プレーを実行できるようになります。反復練習をこなし、そのイメージをチーム全体で共有できるようになれば、連動性のより高い攻撃を繰り出せるでしょう。

なお、私の指導するチームでは４バックを採用することが多いので、トレーニングメニューは４バックで紹介しています。ですが、３バックもしくは５バックを採用しているチームは普段通りのシステムで練習を行ってもらえればいいと思います。

では、これまでの「サポートの動き」「ギャップを使う」「背後をねらう」「数的優位を使いこなす」「３人目の動き」を意識しながらリハーサルを行い、ゲームのイメージを膨らませていきましょう。

ねらい

最終ラインからボールを運ぶ

難易度	★★☆☆☆
時　間	3分
回　数	5本
人　数	9人＋GK1人

» 強化する攻撃要素

ビルドアップ　崩し　ラストパス　フィニッシュ

Menu 041 ビルドアップ：「5対4」＋GK

ここからは総合的なトレーニングに挑戦します。
後方からビルドアップし、前線の選手にパスを通すことをイメージしてプレーしましょう。

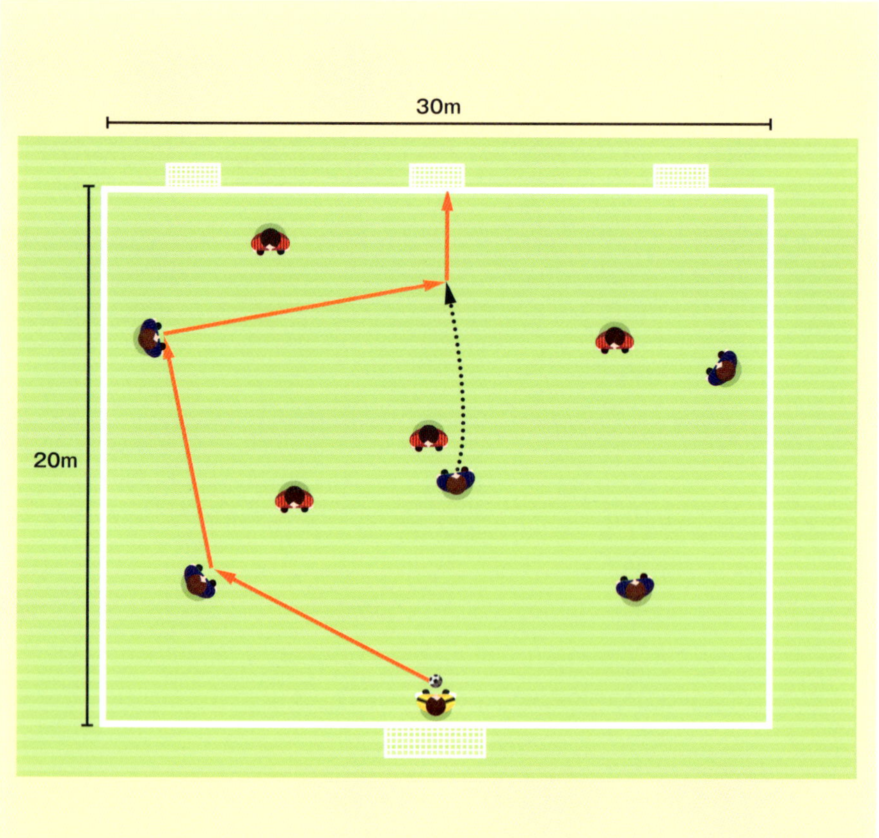

やり方

1 片側に通常のゴール、逆側に3つのミニゴールを用意する
2 ピッチ内にオフェンス5人、ディフェンス4人、GK1人を配置する
3 GKからスタートし、オフェンスはミニゴールを目指して攻撃する
4 ボールが外に出たら、GKからリスタート

トレーニング実施のポイント

ポイント　最終ラインから前線へのパスをイメージ

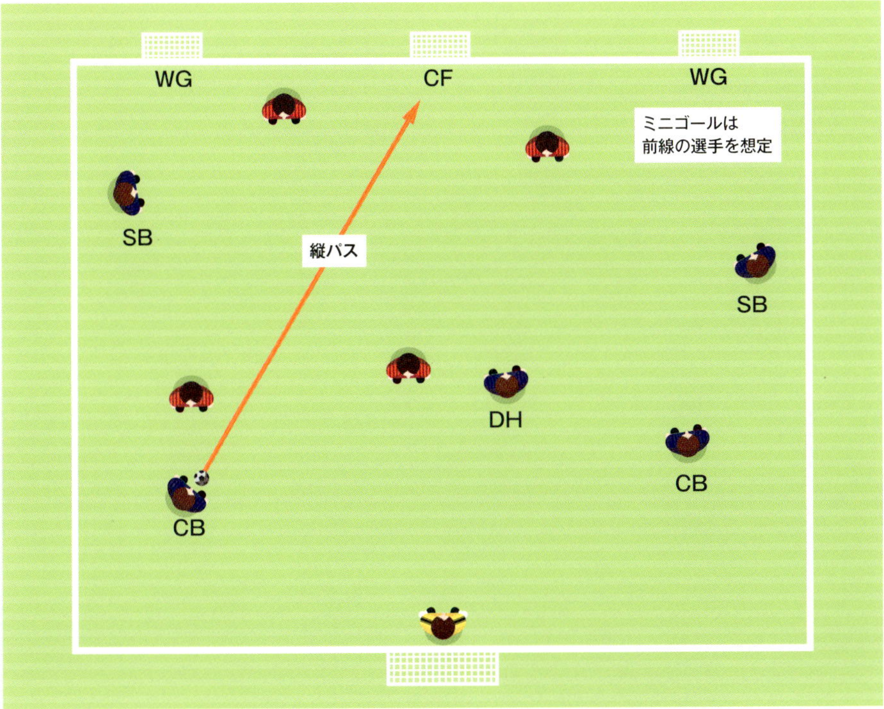

オフェンスは4バック＋1ボランチのフォーメーションで、ミニゴールは中盤から前の選手を想定している。縦パスを打ち込んで攻撃をスピードアップさせるイメージを持ち、実際のゲームで同じシチュエーションになったときに動けるように意識する

ミニゴールとは⁉

高さが1ｍ程度のゴールがこれにあたる。高さがないため、枠にねらうときには必然的にグラウンダーに近いボールを蹴ることになる。今回のトレーニングでは前線への縦パスを意識しているため、ミニゴールを使用する。ミニゴールがない場合は、コーンにバーをかけたもので代用してもいい。

トレーニング実施のポイント

OK 幅と深さでスペースが生まれる

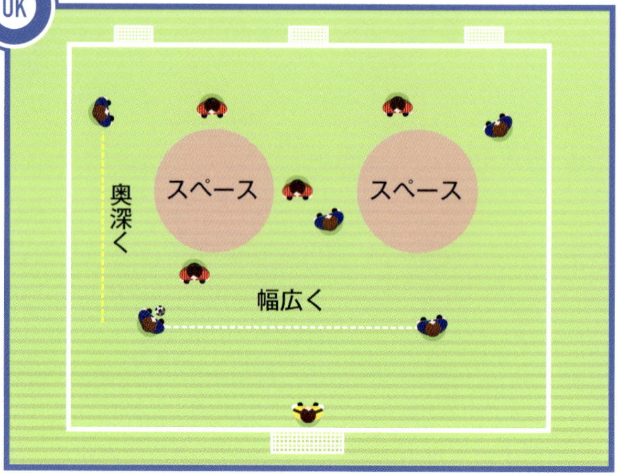

NG 距離が近くギャップがない

! ポイント

ピッチを広く使う

狭いスペースでボールを回すのではなく、スペースを広く使う。味方との距離が近いと逆サイドを使うことができなくなって、相手を広げられないのでディフェンスのギャップが生まれてこない

Memo

幅と深さを使う有効性については Menu:022 で再確認！

Arrange

数的同数でレベル UP

ゴールキーパーがビルドアップに加われば、6対4の状況なので、比較的容易にゴールを目指せる。うまくいきすぎる場合はディフェンスを追加して数的同数にし、レベルを調整しよう。

指導者へのアドバイス

リスタートは必ずGKから

この練習は、ビルドアップの力を高めるトレーニングである。ボールが外に出たり、ゴールになった場合は、必ず GK からリスタートさせ、ビルドアップのトレーニングを繰り返そう。練習の目的に合った形でリスタートの方法を考えることが大切になる。

現代のゴールキーパーに求められるものとは!?

ポゼッションサッカーを志向するうえでは、ディフェンスラインから前線のFWを目がけてロングボールを蹴るといったことは極力せずに、後方からしっかりとパスをつないでいくことが重要なポイントになります。当然、GKにもその役割は求められます。

その理由は、ピッチ上におけるフィールドプレイヤー10人対10人の数的同数での戦いが、GKがボール回しに加わることで11対10となり、数的優位をつくり出すことができるからです。5章で紹介したように、数的優位＝パスコースが増えるということ。ゴールを目指すうえで、ピッチの最後方にいても、その概念は当然ながら基本的な考え方となります。

たとえば、2014-2015シーズンのUEFAチャンピオンズリーグで優勝を果たしたFCバルセロナのマルク・アンドレ・テア・シュテーゲン選手（ドイツ代表）は、ポゼッションサッカーを行うチームの選手として必要な能力を備えているGKと言えるでしょう。GKとしてのセービングやキャッチングの技術が高いのはもちろんのこと、パスやトラップなどの足元の技術もフィールドプレイヤーと同等のものを持っています。GKはバックパスを受けると、自分より後ろに戻すという選択肢がないために安全に前に蹴ってしまいがちですが、シュテーゲン選手は相手FWの猛烈なプレスにも慌てることがありません。冷静に逆サイドに展開したり、両サイドに開いたセンターバックに配球したり、隙があればボランチやその先の前線の選手まで鋭い縦パスを通すこともあります。

ゴールエリア付近に佇んでいることは少なく、ペナルティーエリアいっぱいに積極的に動きながらボールを受けてビルドアップに加わるその姿は、理想のGK像の一例です。

そのような選手を育成するには、GKのトレーニングや練習試合を行っているだけでは当然難しいでしょう。ウオーミングアップ、基礎技術トレーニング、ミニゲームなどではフィールドプレイヤーと同じメニューをこなし、積極的にボールを扱わせることが大事になります。もしミニゲームなどで、GKだからといって後ろのほうにいるようであれば、ボールに積極的に関わるようにしっかりコーチングしていきましょう。

単純にクリアしたり、大きく蹴り出すのは、体が成長して力がついてくればできるようになるので、基礎技術が自然と身につきやすい小中学生の頃から、自信を持ってボールを扱えるGKを育てていきましょう。

▲GKも足元の技術をしっかりと鍛える

ねらい

サイドチェンジを意識する

難易度	★★★★
時　間	6分
回　数	3〜4本
人　数	13人＋GK2人

» 強化する攻撃要素

ビルドアップ　崩し

Menu 042 ビルドアップ：「7対6」＋2GK

次は人数を増やしてビルドアップの難易度をアップ。
相手GKがいるので、サイドチェンジでの揺さぶりを意識することが大切になります。

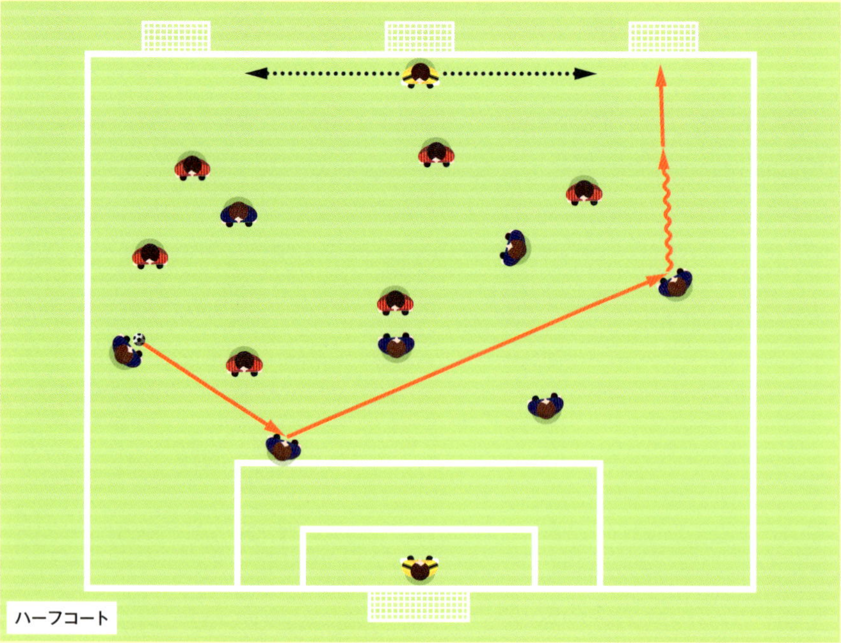

やり方

1. ハーフコートの片側に通常のゴール、逆側に3つのフットサルゴールを用意する
2. ピッチ内にオフェンス7人、ディフェンス6人、GK2人を配置する
3. GKからスタートし、オフェンスはフットサルゴールを目指して攻撃する

トレーニング実施のポイント

ポイント　サイドチェンジでGKをかわす

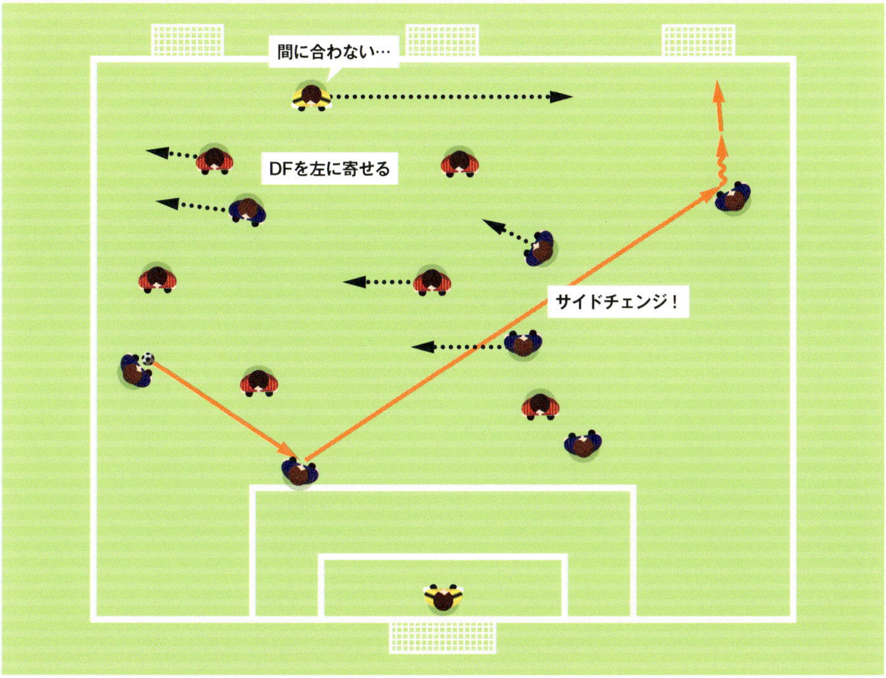

フットサルゴールは3箇所あるが、GK がいることで簡単にはゴールを奪えない状況にある。GK の移動が間に合わないようなサイドチェンジを使い、ゴールチャンスを創出する。一発でサイドチェンジができなくても、素早く中央を経由すれば、相手を揺さぶれる

フットサルゴールとは!?

2m×3m程度のゴールがこれにあたる。サッカーボールはフットサルボールより大きいため、フットサルゴールにGKがいるとゴールを決めるのは難しくなる。今回のトレーニングにおいてオフェンスはGKがいないゴールを必然的にねらう必要があり、そのための素早いサイドチェンジを引き出すために、このような形で練習を行う。

トレーニング実施のポイント

ポイント　意味のあるバックパスを出す

一例として、サイドバックからセンターバックにバックパスをする場合、サイドチェンジをねらうなど次の展開を意図したものであれば、それは意味のあるバックパスとなる。しかし、前に出せないからといって何も考えずにGKまでバックパスを戻してしまうと、相手に守備陣形を整える時間を与えてしまい、攻撃のやり直しを余儀なくされる。パスの優先順位を考えながらプレーする

OK　意図のあるバックパス

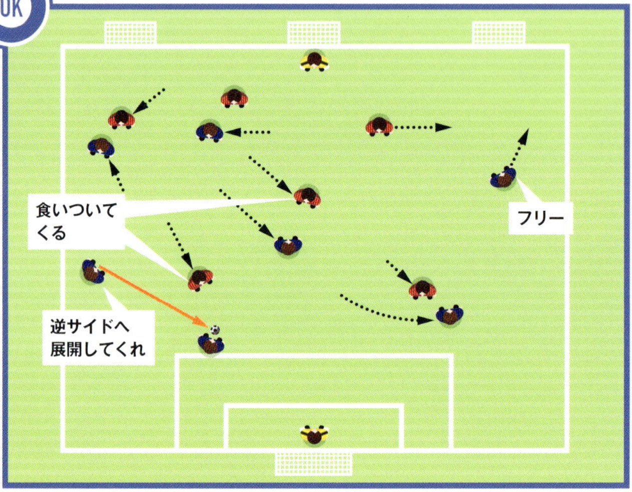

食いついてくる
フリー
逆サイドへ展開してくれ

◀バックパスではあるが、逆サイドへの展開の意図がある

Memo

サイドバックがボールを持っているときに、センターバックもプレッシャーを受けているようであればGKまでバックパスを戻し、組み立て直そう。

NG　意図のないバックパス

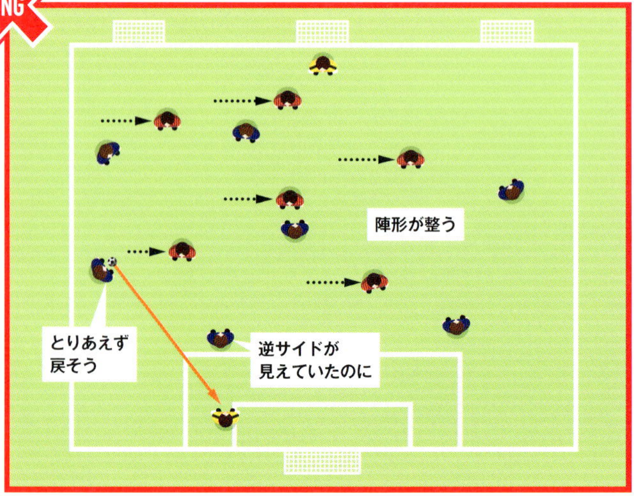

陣形が整う
とりあえず戻そう
逆サイドが見えていたのに

◀次の展開の意図がないバックパスのため、DFは陣形を整えることができる

ポイント ボールの受け方を再確認

素早くサイドチェンジを行うためには、パスの受け手はコントロールからキックまでの一連の動作をスムーズに行う必要がある。また、パスの出し手も、受け手が遠い足でコントロールできるようなパスを出さなければならない。
⇒ Menu:004のトレーニングを再確認！

指導者へのアドバイス

GKへのバックパスの注意点

ボールを持っている選手とGKとの距離感に注意しよう。たとえば、ディフェンスラインの背後に出されたボールをディフェンスが後ろ向きにボールを持っている際、GKとの距離が近い状況でバックパスをしてしまうと、処理が難しく失点につながりやすい。その場合は安全に外へクリアさせる。GKとの距離が十分に確保できているようなら、バックパスで次の展開につなげよう。

NG 近距離のバックパス

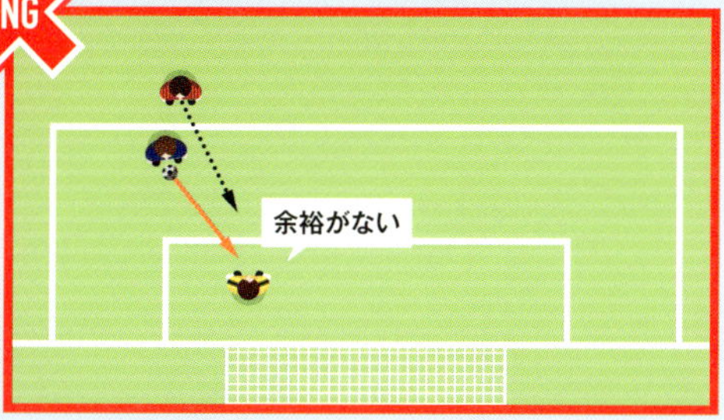

OK 距離を確保してバックパス

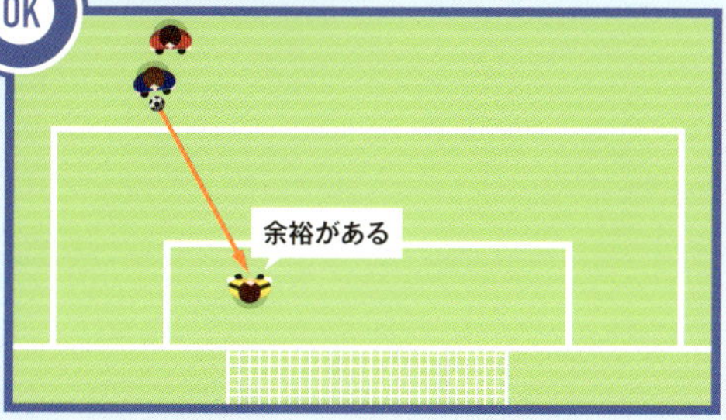

ねらい

ターゲットマンに当てて前に出る

難易度	★★★★
時間	10分
回数	2~3本
人数	17人+GK1人

» 強化する攻撃要素

ビルドアップ ／ 崩し ／ ラストパス ／ フィニッシュ

Menu 043 ビルドアップ:「7対7」+3+GK

味方の人数は実際のゲームと同じ。
本番のリハーサルだということを念頭に置きながら練習に取り組んでみましょう。

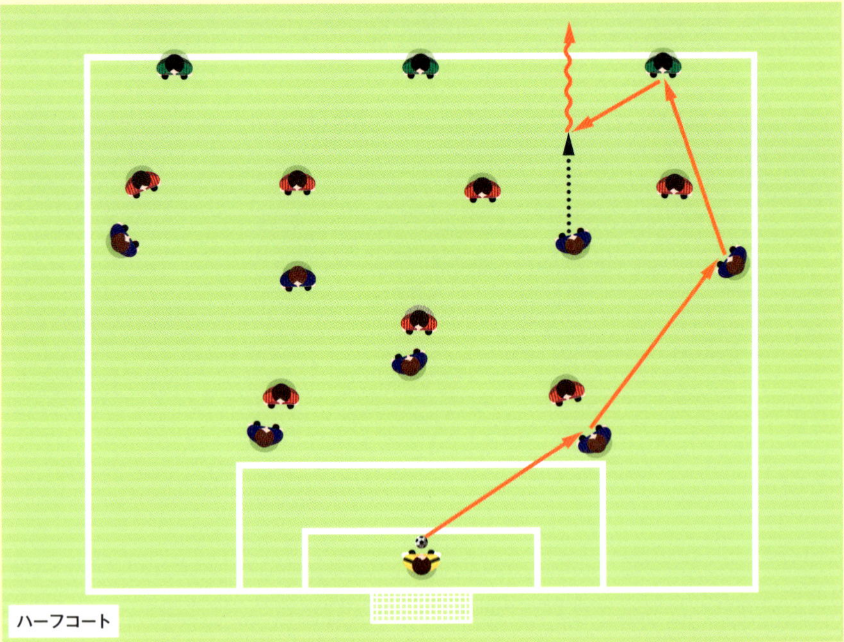

やり方

1. ハーフコートのピッチ内にオフェンス7人、ディフェンス7人、GK1人を配置する
2. オフェンス側の攻撃方向のライン上に3人のフリーマンを入れる
3. GKからスタートし、オフェンスは逆側のラインをドリブルで通過すると得点となる

トレーニング実施のポイント

ポイント　ターゲットマンの動きを見る

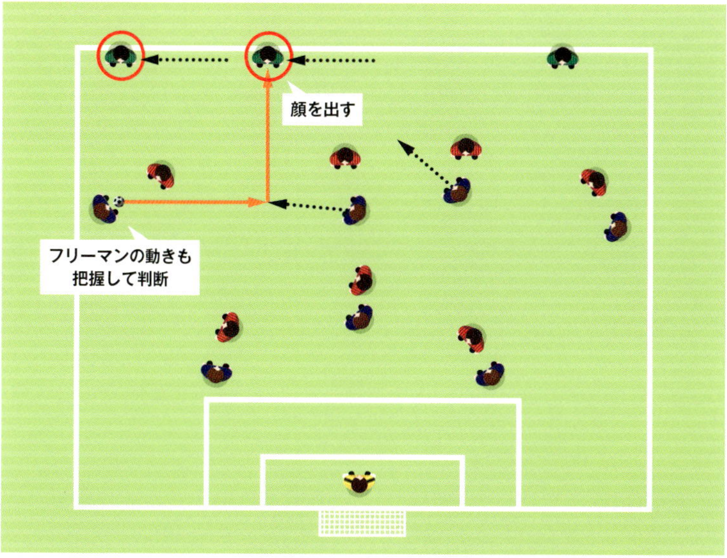

ターゲットとなるフリーマンはギャップに顔を出すため、ディフェンスの状況によって動きが変わってくる。ボールの出し手は、ターゲットマンがどこにいるのかを視野に入れなければならない。ボールやディフェンスの動きだけでなく、前線の選手の動きを確認する

指導者へのアドバイス

ターゲットが選手になる意味

Menu:042の練習ではターゲットが固定されたゴールであったのに対し、この練習では選手になっている。ターゲットは当然動くため、臨機応変にギャップに顔を出すことができ、攻撃の選択肢が増えるといったメリットがある。また、ターゲットに当てたあとのプレーも生まれる。一方で、選択肢が増えるということは各プレーヤーが考えなければいけない要素も増え、お互いの連携、意思疎通がより複雑になるということでもある。つまり、コーチも観察すべきポイントが増え、戦術的に負荷が高まるということ。その点を十分に踏まえたうえで、練習メニューの選定やアレンジ、選手へのコーチングを行おう。

トレーニング実施のポイント

ポイント　3人目の動きでサポート

ドリブル突破で個人で打開してラインを越えても得点となるが、ターゲットマンにボールを当てて前に出て行くことを意識する。ターゲットマンの落としを3人目の動きでサポートに入った選手が受けるのが効果的。また Menu:042と同様に、ディフェンスを片方のサイドに寄せてからのサイドチェンジで突破を試みるのも1つの手となる

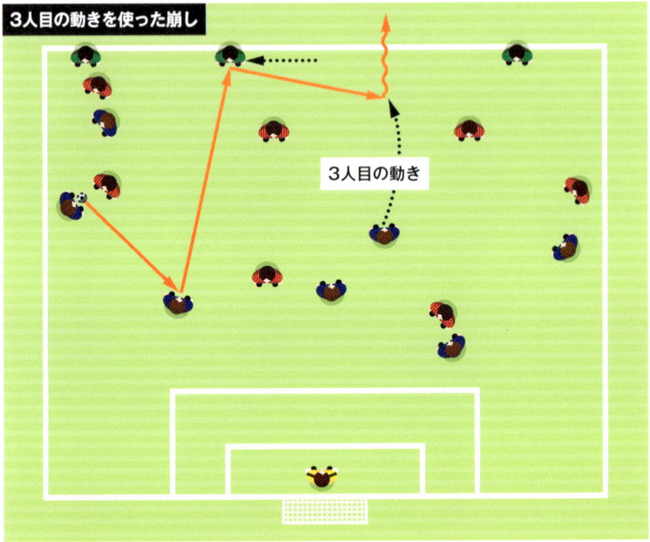

3人目の動きを使った崩し

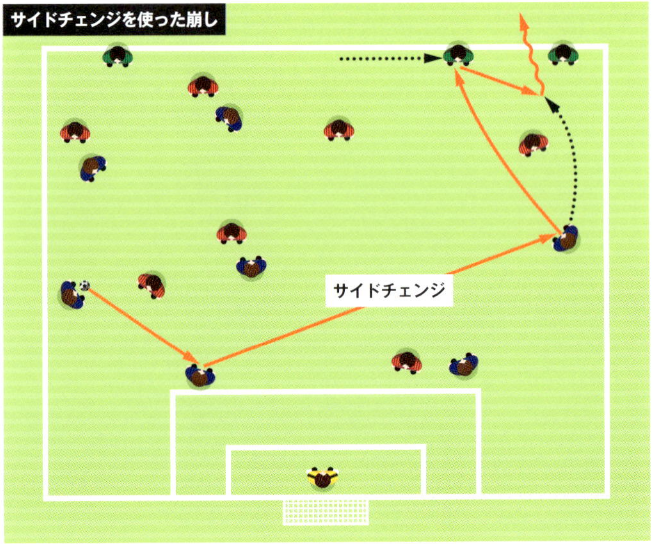

サイドチェンジを使った崩し

Arrange

プレーモデルに合わせたシステムで練習

練習はゲームと同じシチュエーションで動けるようにする、本番に向けてのリハーサルとも言える。普段、2トップで試合に臨むことが多いチームは、前線のフリーマンを2枚にして中盤の枚数を増やすなど、プレーモデルに合わせたフォーメーションを採用して練習を進めよう。2トップの場合でも、3人目の動きを生かしてボールを受けるなど、基本的なねらいやポイントは変わらないが、最前線が2人になるため、ボールホルダーの前の選択肢が少なくなる。フリーマンの選手はよりアグレッシブにピッチの幅を動いて、顔を出して、ボールを受ける必要がある。また、中盤をダブルボランチ＋両サイドハーフの形にした場合、両サイドに人数が多くいるため、スペースが比較的できやすい中央に誰が飛び込むかという点がひとつのポイントになるだろう。この練習メニューにおいては、フリーマンを除く選手の人数は同数にすることを基本としているため、2トップの場合は8対8になる。ピッチ内の人数がやや多く窮屈になるので、ビルドアップがうまく行えないようであれば、ディフェンスの人数を減らすなどに調整しよう。

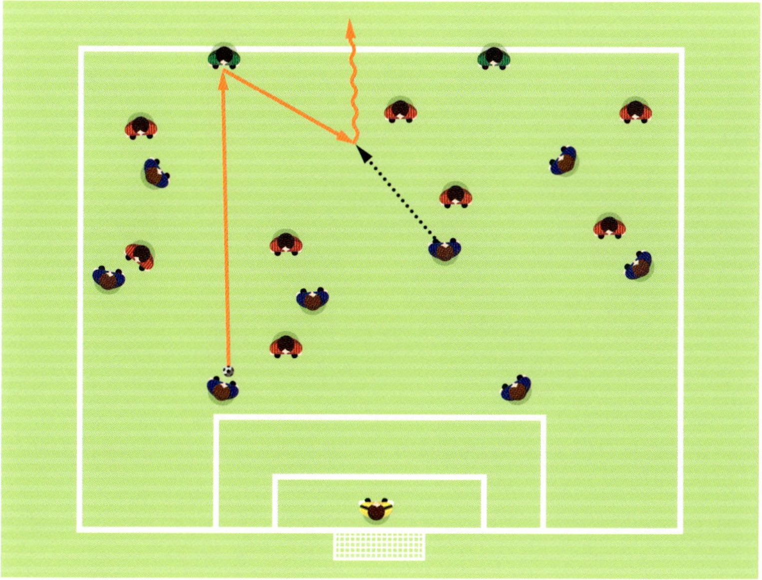

▲2トップの場合、「8対8」+2+GKとなる

ねらい

最終ラインから崩しまでもっていく

難易度	★★★★★
時　間	10分
回　数	2〜3本
人　数	17人＋GK1人

» 強化する攻撃要素

ビルドアップ
崩し
ラストパス

Menu 044 ビルドアップからの崩し

ビルドアップに崩しの要素を加えた練習。
連続した３人目の動きで相手ディフェンスを突破する意識を持ってやってみましょう。

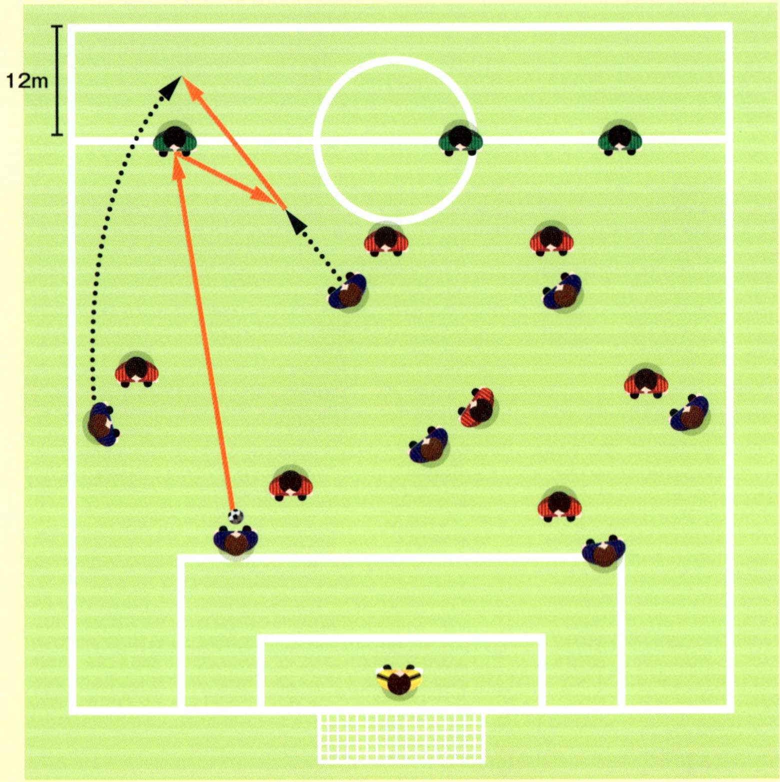

やり方

1. ハーフコートを使用し、攻撃方向の前方に12ｍのゾーンをつくる
2. ピッチ内にオフェンス７人、ディフェンス７人、GK１人を配置する
3. 攻撃方向のライン上に３人のフリーマンを入れる
4. GK からスタートし、オフェンスは前方のゾーンにランニングしてボールを受けることを目指す

トレーニング実施のポイント

ポイント ゾーンを設けて「崩し」を意識

Menu：043ではビルドアップの「前進」までがねらいだったが、このメニューでは後方に12mのゾーンを設けてスルーパスを意識させる状況をつくり出している。つまり、ディフェンスラインを突破する「崩し」のイメージを持たせることも目指している。配置や人数は同じだが、ねらいは異なることを選手に理解させて練習に臨むことが重要

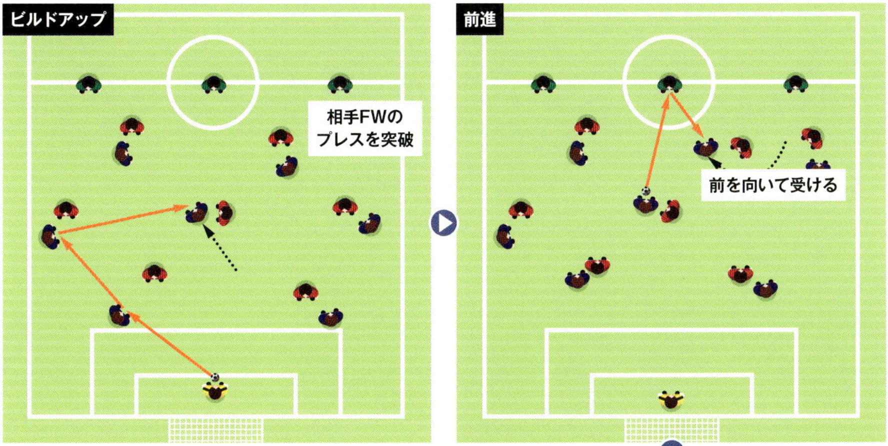

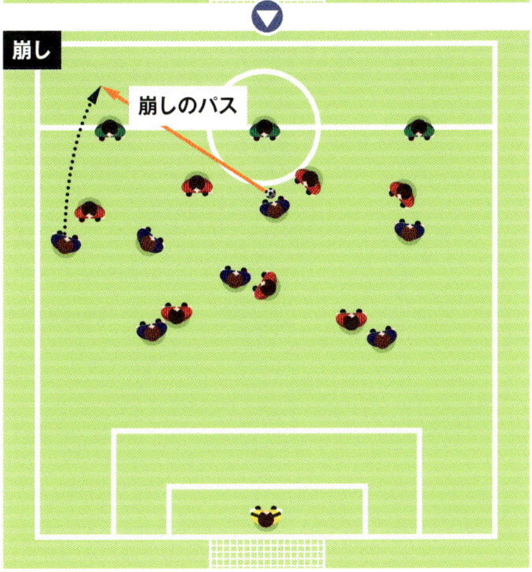

指導者へのアドバイス

大原則「ゴールを目指す」を忘れずに

ビルドアップの力を高めるトレーニングではあるが、パスを繋ぐことが目的ではない。GKを含めた後方の選手がボールを持ったら、まずはゴールへの最短距離にいる、最前線のフリーマンへのパスを意識させよう。この意識があることで、ディフェンスは縦パスを警戒するため、マークに緩みが出て、後方から繋げるようになる。攻撃側にこの意識がないとわかれば、ディフェンスは積極的にプレッシャーをかけてくるので、ビルドアップを行うことが難しくなってしまう。

トレーニング実施のポイント

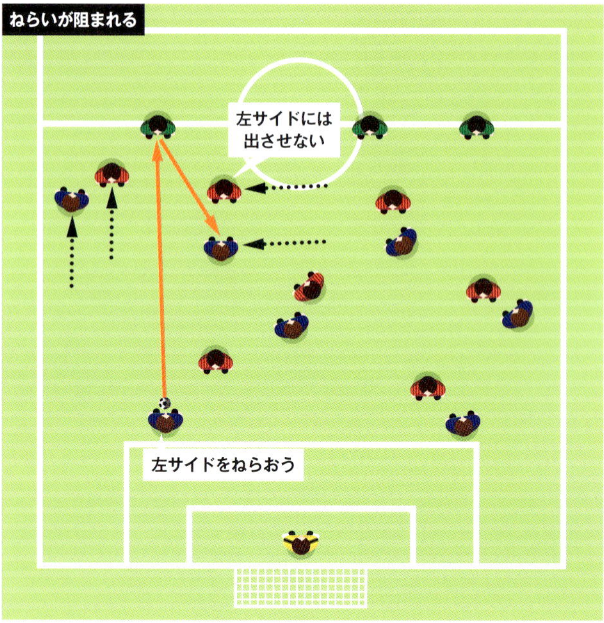
ねらいが阻まれる
左サイドには
出させない
左サイドをねらおう

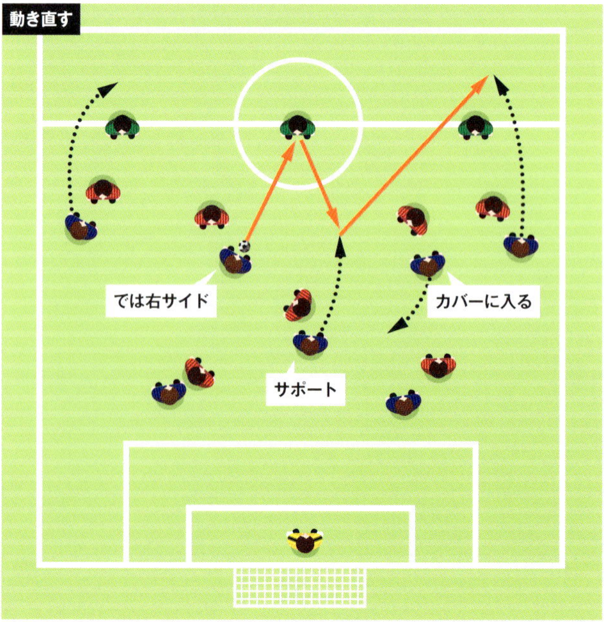
動き直す
では右サイド
カバーに入る
サポート

ポイント

崩すためには動き続ける

パスを出したあとに動きを止めたり、ポジションを変えずにボールを受けようとするだけだったりでは、相手守備陣を崩せない。パスを回すことばかりを意識するのではなく、ランニングを加えて相手守備陣を崩すことを意識する。一度の動き出しでボールをうまく引き出すことができなくても、次の崩しに向けて改めて動き直す

ポイント

約束事をつくっていく

クサビが入ったときに飛び出す人数が多くなりすぎると、実際の試合ではボールを奪われたあとにカウンターを受ける可能性が高まる。誰かが守備に重心を置いて必ず自陣に残るなどの約束事をつくり、実際のシステムに当てはめて動きを確認していこう

Arrange

3人目の動きを強調

前方のゾーンでボールを受けたあとにもう1本パスをつないだらさらに得点というルールを設ける。それを達成するためには複数人の動き出しが必要ということになる。3人目の動きの連続で分厚い攻撃ができるように、ボールがあるサイドにいる選手のみが動くのではなく、逆サイドの選手も動きを止めずに前への意識を持ち続けるようにしよう。

⇒3人目の動きの連続については、Menu:040を再確認！

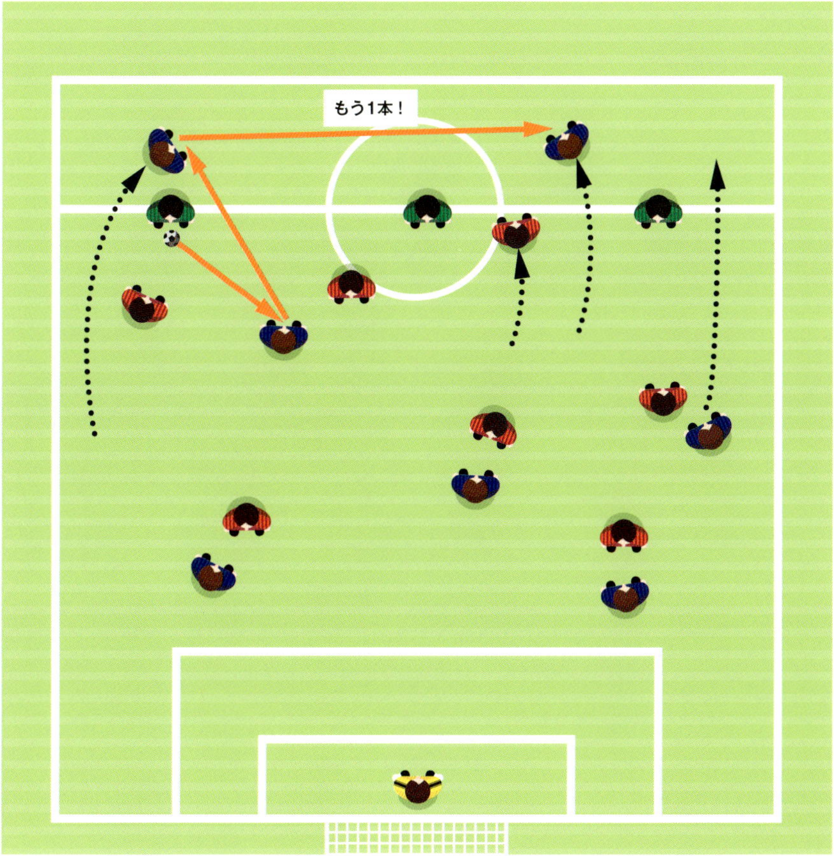

▲複数人の連動した動きは難しいが、成功すれば、一気にチャンスになる

ねらい

サイド攻撃のパターン確立

難易度	★★★
時　間	—
回　数	12本×2セット
人　数	14人+GK1人

» 強化する攻撃要素

ビルドアップ　崩し　ラストパス　フィニッシュ

Menu 045 サイド攻撃：「4対3」＋GK

サイド攻撃はどんなサッカーでも攻撃の基本。
チームとして得意なパターンを身につけられるように、攻撃を仕掛けましょう。

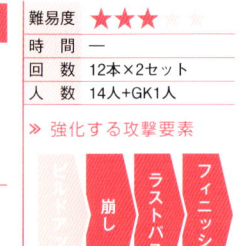

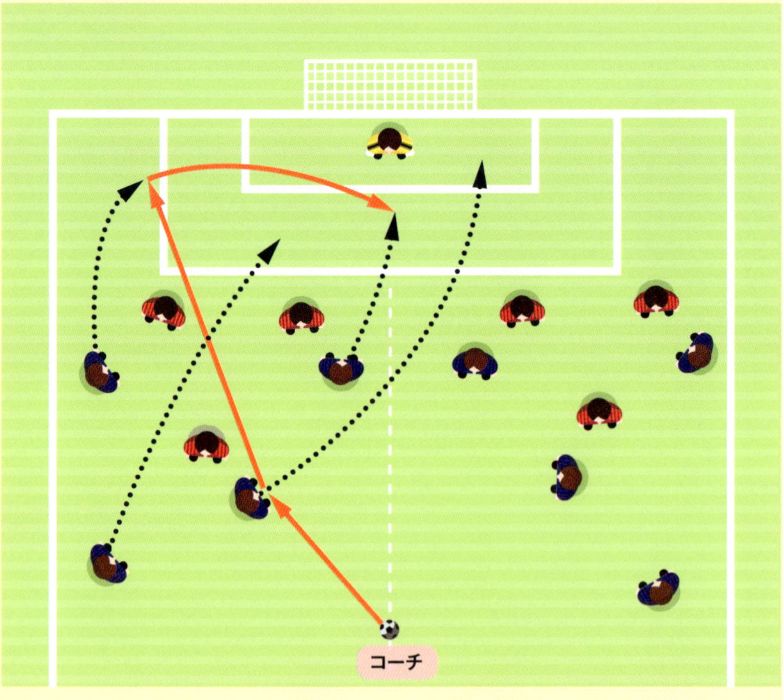

やり方

1. ピッチを縦に２分割して、中央にボールの供給役（コーチなど）を配置する
2. それぞれのゾーンにオフェンス４人とディフェンス３人ずつを配置する
3. ボールの供給役からスタートし、オフェンスはゴールを目指す
4. ペナルティエリア内は自由に動くことができる
5. 左サイドが終わったら、右サイドでも行う

トレーニング実施のポイント

ポイント　サイドの奥までえぐる

ゴールにできるだけ近い場所まで持ち込めば、ディフェンスの対応がより難しくなるので、得点の可能性が高まる。ゴールエリア横のスペースを目指して攻撃を仕掛けることが大切になる。優先順位が高いのはあくまでもゴールなので、シュートを意識しながらボールを運ぶことでディフェンスとの駆け引きが生まれる

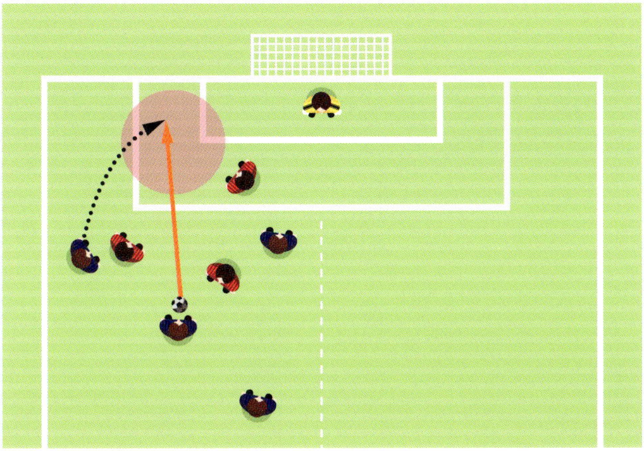

ポイント　サイドを崩す練習だが…

サイドでの崩しを目的とした練習ではあるが、攻撃の優先順位が高いのは中央、ゴールであることに変わりはない。ディフェンスがサイドを警戒しているなら、中央を積極的にねらう

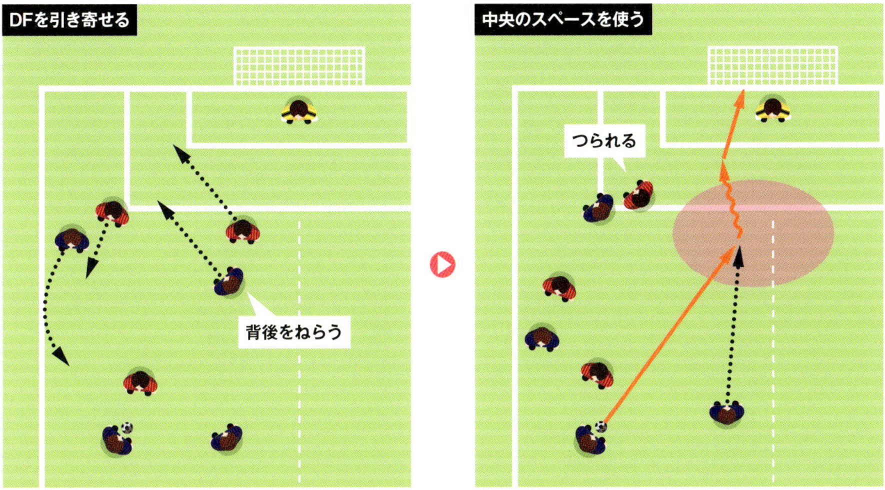

ポイント 反復練習でパターン確立

これまでの章で挙げてきた「サポートの動き」「ギャップをねらう」「背後をねらう」「3人目の動き」などの事項すべてを意識しながら、サイドからの攻撃パターンを組み立てる。練習はゲームのリハーサルなので、実戦と同じシチュエーションをつくり出し、何度も修正を施していく。そうすると、反復練習で身についた動きが実際の試合で出せるようになり、攻撃パターンの確立につながる

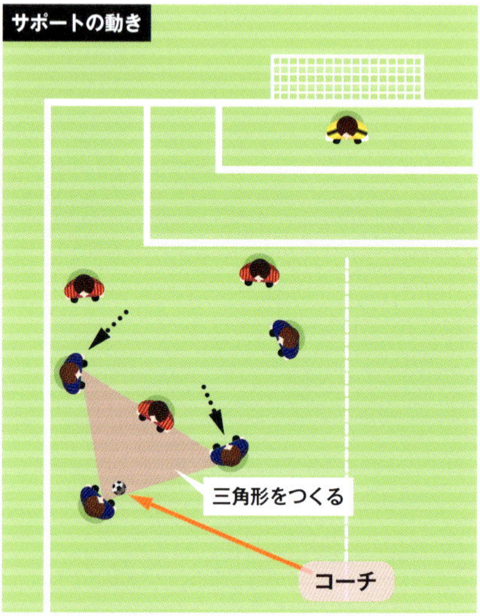

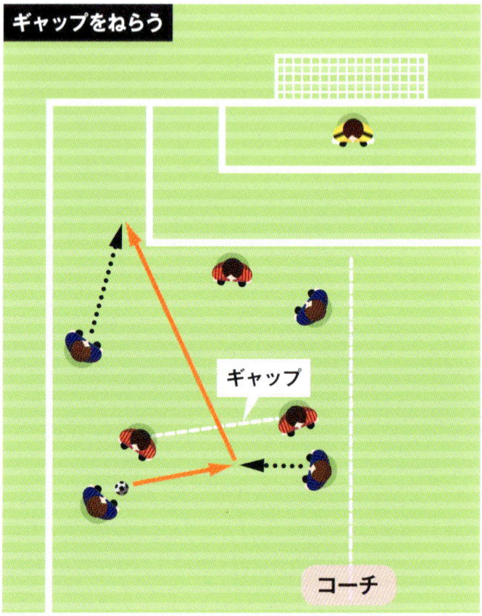

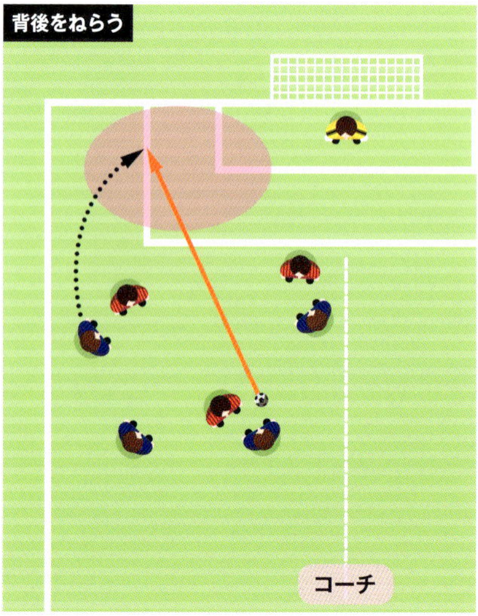

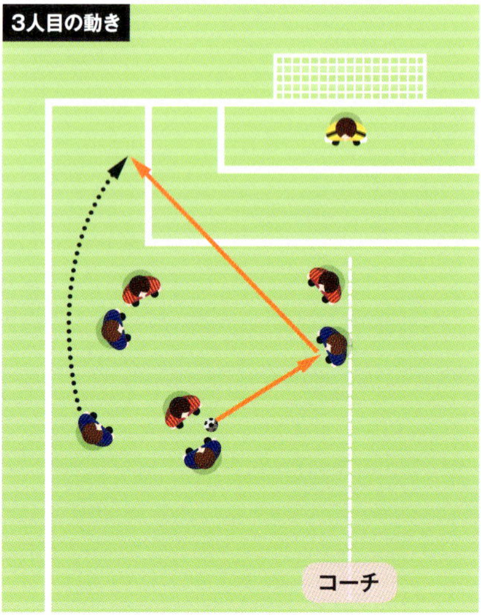

2種類のクロスとは!?

クロスボールは大きく分けて 2種類ある。それぞれのメリット、デメリットを理解したうえで、状況によって使い分けよう。

●アーリークロス

浅い位置から出す相手ゴール方向へのクロスボール

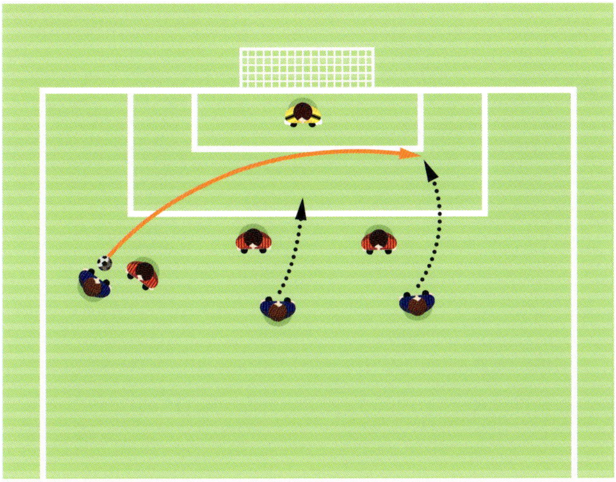

メリット：
ＧＫとディフェンスラインの間にボール入れることで、ディフェンスは下がりながらの難しい対応となる。スピードのあるＦＷがいる場合にも効果がある

デメリット：
タイミングが合わなければ、相手ＧＫまでボールが流れてしまう。ＦＷは斜め後ろからくるボールへの対応となるため、シュートに持ち込むのが難しい。オフサイドになる可能性がある

●マイナスのクロス

深い位置から出す相手ゴール方向から遠ざかるクロスボール

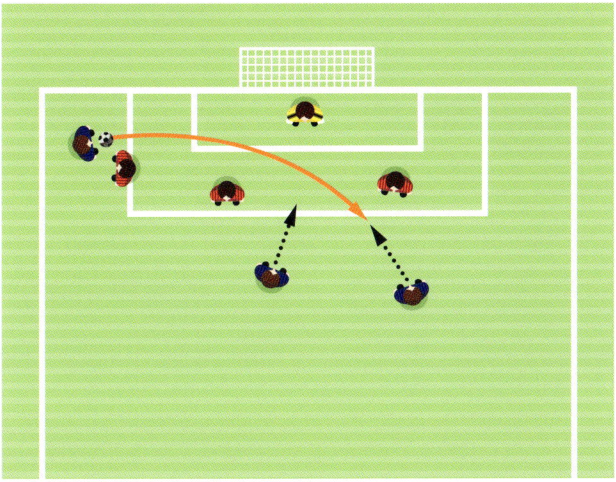

メリット：
ディフェンスにとっては、ボールとＦＷの両方を視界にとらえるのは難しい。ＦＷに向かってくるボールに対して走り込んで蹴ることができるため、威力のあるシュートを打てる。オフサイドになる可能性がない

デメリット：
深い位置まで持ち込むのが難しい

ねらい

サイドでスペースをつくり、スペースを使う

難易度	★★★★
時　間	10分
回　数	2~3本
人　数	16人＋GK2人

» 強化する攻撃要素

ビルドアップ　崩し　ラストパス　フィニッシュ

Menu 046 サイド攻撃：「6対6」＋4＋2GK

サイドの選手が空けたスペースに後ろから走り込むのは、サイド攻撃の 1 つのパターン。実戦で自然と繰り出せるようになりましょう。

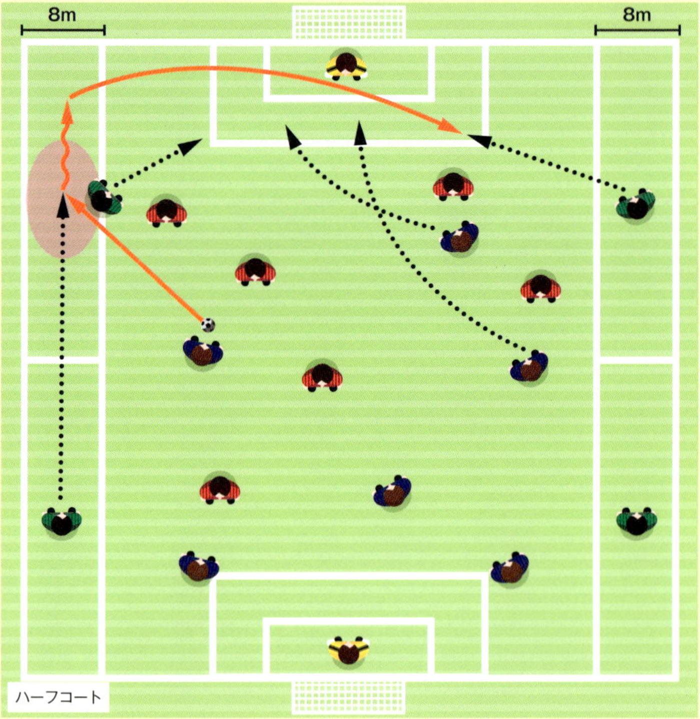

やり方

1. ハーフコートを使用し、両サイドに上下に分割した幅8mずつのゾーンをつくる
2. ピッチ内にオフェンス６人、ディフェンス６人、GK２人を配置する。両サイドの各ゾーンにはフリーマンを１人ずつ入れる
3. オフェンスはフリーマンを使いながら攻撃する
4. 前方のフリーマンはゾーン外でしかボールを受けられない。後方のフリーマンは後方のゾーンの中ではボールを受けられない
5. 後方のフリーマンは前方のフリーマンが動いて生まれたスペースに走り込む

トレーニング実施のポイント

ポイント 走り出すタイミングを図る

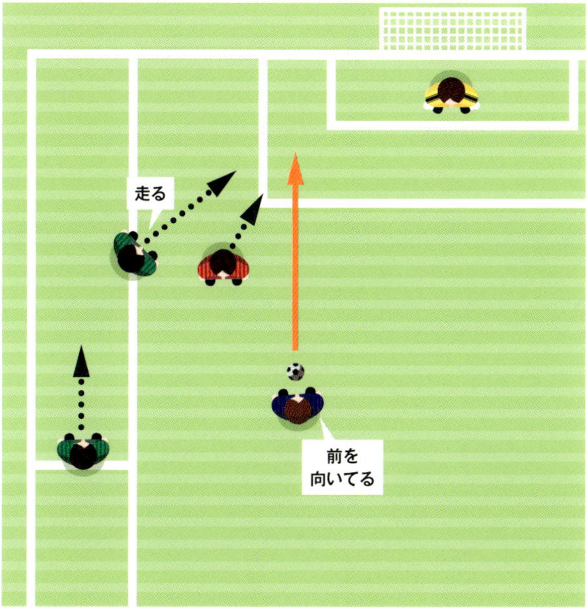

前方のフリーマンはゾーンのなかではボールを受けられないので、まずは走ることによって攻撃の起点をつくる。しかし、ボールホルダーがパスを出しづらい状況で走り出しても、ディフェンスの注意を引きつけられないので、ボールホルダーが前を向いているタイミングで走り出す。後方のフリーマン（実際のゲームではサイドバック）も、前方のスペースが空いた瞬間を見逃さないようにする

指導者へのアドバイス

動きの制限の意味

今回の練習では、動きについて以下２点の制限を設けています。

○前方のフリーマンはゾーンのなかでボールを受けることはできない

○後方のフリーマンは後方ゾーンのなかでボールを受けることはできない

前方のフリーマンがつくったスペースを後方のフリーマンが利用するという動きを引き出すことをねらいとしている。ルールによる制限を設けることでどういう動きが生まれるのか、しっかりと考えながら練習を組み立てよう。

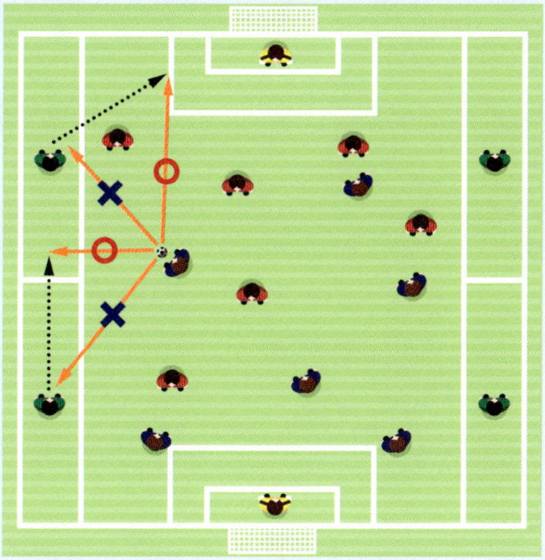

トレーニング実施のポイント

ポイント 崩すための優先順位を明確に

ゴールを奪うことが目的なので、ディフェンスのプレッシャーが緩くシュートをねらえるならそれが第1の選択肢になる。シュートが難しいのなら、ディフェンスの背後を突くパスを通すことが次の選択肢。1本のパスでシュートまで持ち込めるなら、それに越したことはない

DFのプレッシャーが緩い場合

サイドのスペースが空いている場合

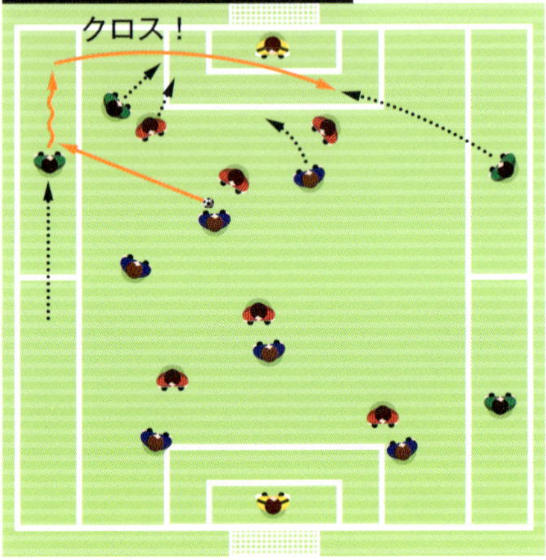

DFの背後が空いている場合

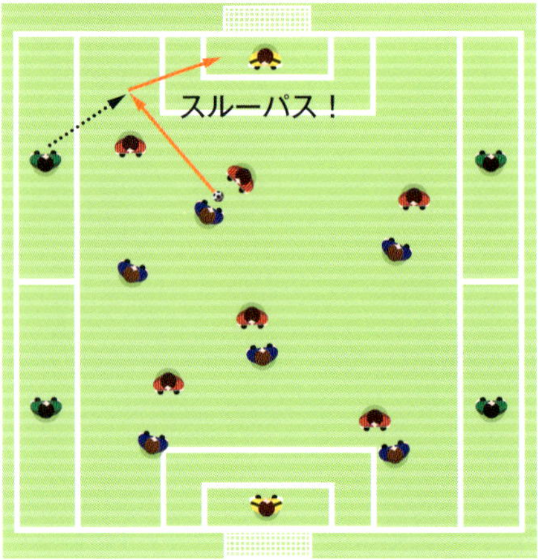

ボールサイドのスペースがない場合

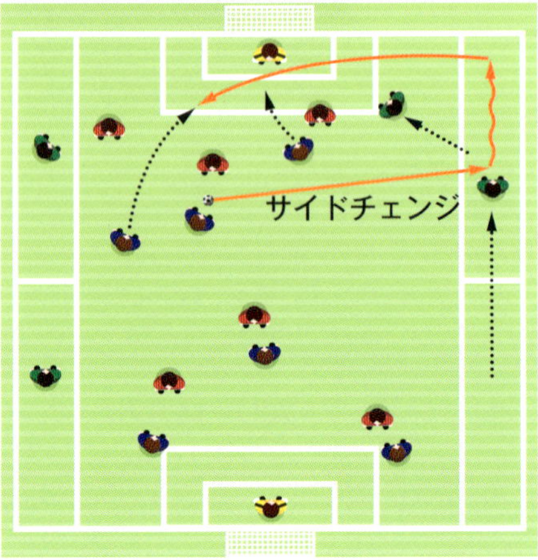

ポゼッションサッカーにおけるサイドアタッカー

4－3－3のシステムにおいては、3トップの両サイドのポジションにつく選手のことをサイドアタッカーと言います。サイドアタッカーはサイドで、上下に激しくアップダウン繰り返したり、ディフェンスに1対1の勝負を仕掛ける場面も多いため、このポジションを務める選手には、スピードやスタミナといった高い走力、1対1を制することができるドリブルテクニック、正確なクロスボールが蹴れるといった能力が必要とされます。アリエン・ロッベン選手（バイエルン・ミュンヘン）やガレス・ベイル選手（レアル・マドリード）などがわかりやすい例でしょう。

しかしながら、ドリブルを得意とする選手はときに足元でボールを受けたがる傾向にあり、それが局面の打開を困難にしていることがあります。足元で受けようとしてサイドに張りつくと、特に相手がリトリートした場合にはスペースも生まれず、崩しには至りません。

今回のトレーニングでは、自らが動き出しでつくったスペースを味方が有効に使ってゴールが生まれるという体験をさせることもねらいとしています。動くことの重要性を知ることで、プレーの幅も広がり、技術だけに頼らない選手へとステップアップすることができます。

▲爆発的なスピードが武器のアリエン・ロッベン選手。右サイドから切り込んでのシュートも、左足から放たれるクロスも精度が高い

▲サイドでのドリブル突破だけではなく、フリーキックも非常に得意とするガレス・ベイル選手

ねらい

リトリートした守備組織を崩す

難易度	★★★★★
時　間	10分
回　数	2〜3本
人　数	20人＋GK1人

» 強化する攻撃要素

ビルドアップ → 崩し → ラストパス → フィニッシュ

Menu 047 「10対10」＋GK（相手陣内での攻撃）

トレーニングの最後は、リトリートした相手を崩す練習。
これまで身につけた動きを駆使して、ゴールをねらいましょう。

やり方

1. ハーフコートを使用し、片側に通常のゴール、逆側に３つのミニゴールを用意する
2. ピッチ内にオフェンス10人、ディフェンス10人、GK1人を配置する
3. オフェンスは通常のゴールを目指して攻撃する
4. ディフェンスはボールを奪ったら、ミニゴールへのシュートをねらう

トレーニング実施のポイント

ポイント

常に考えて走る

この練習は実戦と同じ状況で行う、総まとめのトレーニングとなる。相手がリトリートした状態からゴールを陥れることは容易ではなく、ボールを奪われないようにパスを回すだけでは、状況は打開できない。誰にパスを出して自分がどのポジションを取れば相手守備を崩せるかをイメージしてプレーする

ポイント

ボールを奪った瞬間はチャンス

ディフェンスはボールを奪ったら、カウンターをシンプルにねらってくるので、ボールを奪われた場合は攻守を素早く切りかえる。奪われた選手がファーストディフェンスになるなどの約束事をつくっておくと、システマティックに守備に移行できる。奪われたボールをすぐさま回収できれば、相手の守備陣形が整っていない状況で攻撃を仕掛けられるため、チャンスをつくりやすい

リトリートとは!?

選手のほぼ全員が自陣に戻り、守備を固めている状況のことである。守備的な戦術の 1つであり、リードしている状況を、守り抜きたいときなどに用いることが多い。また、前線にスピードがある FWがいる場合、固い守備をベースに、カウンターで少ないチャンスを生かしたいチームが戦術として採用する場合もある。人数をかけて守っているため、スペースがなく、オフェンスがこの守備組織を崩すのは、最も困難な状況と言える。

指導者へのアドバイス

目的を明確に

まずは選手がどうやってリトリートした守備組織を攻略しようとしているのかを見て、足りない部分を適宜アドバイスするのも、もちろん指導方法の1つである。しかし、実際のゲームと同じ人数での練習になっているので、ゴールを奪うための選択肢は無数にある。コーチが見るべき、考えるべきポイントも同じく無数にあり、コーチにも相当の力量が必要になる。そのため、実際のゲームと同じ人数の練習ではあるが、そのなかでも「サイドを使う」「背後を突く」「ポストプレーをねらう」といった明確な目的を持たせることで、より効率的な練習となる。

▲意図が合わなければ、プレーを止めてコミュニケーションを図る

参考！

FC町田ゼルビア アカデミー ジュニアユース U-15の週間トレーニング計画

コラム6（P134）にて週間トレーニング計画の立て方についてお話しましたが、ここでは一例として、実際に行ったトレーニングメニューを公開します。

週のテーマ　：　ビルドアップからの崩しの改善
時　　　期　：　競技期4週目

曜日	時間	テーマ	負荷	内容	合計時間
月				休み	
火	18：30 ～ 20：15	[技術] コントロールとパス [戦術] DF連続したプレス [フィジカル] 中強度有酸素性持久力	中～上	●ウオーミングアップ スクウェアパス・動的ストレッチ <10分> ●4対2のインターバル <5分×2> ●体幹トレーニング <10分> ●「5対5」+5のボールポゼッション （連続したプレッシング）<7分×3セット> ●8対8 スリーラインを意識したハーフコートゲーム <20分> ●クールダウン	100分
水				休み	
木	18：30 ～ 20：15	[技術] コントロール・ターン [戦術] 後方からのビルドアップ [フィジカル] 中強度有酸素性持久力	中	●ウオーミングアップ パス＆コントロール ターン・動的ストレッチ <15分> ●5対3のボールポゼッション <4回×4セット> ●5対4 DFラインからのビルドアップ （6つのゴールのゲーム）<20分> ●「7対7」+3 DFラインからのビルドアップ ●クールダウン	100分
金	18：30 ～ 20：15	[技術] ミドルレンジのキック [戦術] サイドの崩し [フィジカル] -	中	●ウオーミングアップ 対面パスと動的ストレッチ・ミドルパス <15分> ●体幹トレーニング <10分> ●3対2 両サイドの早い攻撃 （12秒でフィニッシュ）<15分> ●5対4 両サイドの崩し <20分> ●「8対8」+2 ハーフコートゲーム （両サイドフリーマン配置・サイドを使った攻撃） <20分> ●クールダウン	90分
土	11：00 ～ 13：00	[技術] クロス・シュート [戦術] フィニッシュへの入り方 [フィジカル] スピード	中～下	●ウオーミングアップ ワンツー・動的ストレッチ・ヘディング <15分> ●1対1からのシュート・スピード系5本 <10分> ●クロスからシュート <10分×2> ①3人組 DFなし ②ボックス内3対2 ●「6対6」+6（シュートゲーム）<15分> ●クールダウン	70分
日	18：00 KO			公式戦	90分

終章

指導者向けアドバイス

トレーニングを行ううえで指導者が気になる点について、
Q＆A方式で回答します。

よくあるご質問

ここまで数々の練習メニューを紹介してきましたが、実際にトレーニングを進め、試合を行っていくなかで出てくるご質問に回答します。

Q グラウンドが狭く、記載のあるような広さを確保できません

A 広さはあくまで目安です。必ずしも、この広さでやらなければならないということではありません。グラウンドの大きさに合わせて少人数の局面のトレーニングを行い、大きいグラウンドを使用するときに、人数を増やした、チーム戦術などのより規模が大きいトレーニングを行い確認していくようにすれば良いでしょう

Q ポゼッションスタイルのサッカーにドリブルは必要ないのですか？

A いいえ、ドリブルで局面を打開することはポゼッションサッカーにおいても重要です。相手の最終ラインまでボールを運び、最後の局面をドリブルで突破できることは大きな武器と言えます。ポゼッションスタイルではピッチを広く使いますので、1対1の局面がより明確になります。そこで勝つことができれば大きなチャンスになります。たとえばフランク・リベリー、アリエン・ロッベン、リオネル・メッシ、ネイマール選手などがそれを得意としています

Q ボールは保持できても、シュートまでなかなか持ち込めません

A ポゼッションスタイルを志向すると、どうしてもボールを失うことを怖がり、ただ逃げるだけの意味のないバックパスが多くなってしまうことが見受けられます。「攻めるゴールは前にあること」を忘れずにプレーの優先順位を考えてプレーすることが大切です。本書で紹介している「崩し」「ラストパス・クロス」「シュート」のトレーニングを行いゴールへ向っていくことをチームに浸透させていきましょう

Q 子どもの頃は、戦術よりも技術トレーニングを重視したほうが良いのでは？

A より効果的なプレーするためにはテクニックの実行能力とともに的確に判断する能力が求められます。様々な種類のキック、ドリブル、フェイントなどのテクニックを実行する能力にいくら長けていても、そのテクニックをいつ、どこで、どの種類のテクニックを使用するのかの判断を間違ってしまうと効果的なプレーはできません。育成年代では新しい技術を習得させ、「できること」を増やしていくと同時に、習得した技術をどの状況で、いつ使うかの「判断力」を身につけることが大切です

Q フィジカルトレーニングは別に行ったほうが良いですか？

A 私の場合は、日々のトレーニングで、ダイナミックな（動きのある）トレーニングを行うことを心掛けています。そして、本数、セット間でのレスト（待ち時間）を必要最低限にコントロールしながら、攻守の切りかえの早さ、プレスの速さ、球際の強さなど、高いインテンシティでトレーニングを行うことが基本である考えています。そして、ボールを使いながら、ねらいを持ってフィジカル面に負荷をかけ実戦で有効なフィジカルを向上するようにしています。それでも足りない部分をフィジカルに特化したトレーニングで補っています

Q 縦パスをＦＷがキープできずに、全体を押し上げることができません

A ＦＷの動き出しのタイミング、パスの出し手のタイミング、ＦＷにパスが通ったあとのサポートの動き、３人目の動きといったことを意識してプレーできているかが大切です。その状況から、受け手の問題なのか、出し手の問題なのか、周りの選手の問題なのかを考え、うまくいかなかった原因を分析し、トレーニングに落とし込んでいきましょう

Q 1日のトレーニングの時間はどれくらいが良いですか？

A

実際のゲームと同じ90分間を目安にしています。日本においては少々短いように感じられるかもしれませんが、選手のフィジカルの負荷を考慮しながら効率の良いトレーニングメニューを組み立てると、これくらいが適度な時間であると考えています。あまりに長時間のトレーニングを行うとケガにもつながるのでご注意ください

Q サイドの選手にボールが入っても、手詰まりで先に進めません

A

サイドの場合でも中央と同様に、「数的優位をつくる動き」「サポートの動き」「背後をねらう動き」などができているでしょうか？ 詰まっている場合は、多くの相手選手がサイドに集まっていると思われるので、サイドチェンジで逆サイドへ展開しましょう。その際には、相手選手がスライドして先にスペースを埋められないように、素早い展開を意識しましょう

Q GKが別のトレーニングを行っていて、ゲーム形式の練習に参加できない場合があります

A たとえばMenu:019で行ったようなラインゴールのやり方にすることでゲーム形式のトレーニングを行うことができます。この練習のねらいはあくまでも「ギャップを使う」ことであり、「シュートを打つ」ことは目的ではないため、必ずしもゴールにGKを置く必要はありません。逆に、Menu:041のようにねらいが「最終ラインからのビルドアップ」なのにGKを置かないと、それは目的に沿っていない練習となります

Q 意図した動きをトレーニングのなかでうまく引き出せません

A 選手自身がイメージしているプレーと指導者がイメージしているプレーとでは、当然のことながら一致しない場合があります。それが一致しないままにトレーニングを形だけ続けることには意味がありません。イメージが合わないなら、まずは指導者がプレーを止めてしっかりと指導者の意図を伝えること。また、一方的にならず、選手の言葉もしっかりと聞いてコミュニケーションを取り、イメージを共有していくことが必要になります

Q 本書では守備に関する トレーニングはありませんでした

A

ボールを保持している限り相手の得点はありませんが、サッカーの試合では全くボールを失わないことは当然ありえませんし、失ったボールを奪い返さないと攻撃はできません。

ですから、攻撃と同様に守備のトレーニングを行うことは重要です。本書では攻撃のトレーニングのみを取り上げていますが、守備のトレーニングも組み込んで行うほうが良いでしょう

Q 練習した動きを 試合で出すことができません

A

その動きを以下のステップに分けて、もう一度トレーニングを行っていきましょう。

1. 個人
2. 小グループ (2～3人)
3. 中グループ (4～6人)
4. 大グループ (7～10人)
5. 11対11

少人数でできないことは、11対11のゲームでも当然できません。また、11対11のゲームばかり行っていても、焦点を絞ったトレーニングはできませんので、少人数の局面のトレーニングからひとつずつ段階を経てチームを構築していくことが大切です

おわりに

　なぜサッカーというスポーツは、世界中の人々をこれほど魅了するのでしょうか？　特にヨーロッパや南米では、日常のありとあらゆるところにサッカーが満ち溢れています。カフェに行けば、サッカーの記事で埋め尽くされた新聞を読んでいる人がいたり、他の常連客と前日の試合について議論したりしている人がいます。テレビをつければ、サッカー番組で熱い討論が行われています。私がいたエクアドルでは、月収３～４万円にも満たない生活をしている人々が、なけなしのお金を払って買った20ドルもするチケットを握りしめ、親子でチームのユニフォームを着てスタジアムに通っています。そんな光景を、私はたくさん見てきました。人々にとってサッカーとはいったい何なのでしょうか。

　私が肌で感じたのは、人々にとってサッカーとは「夢と希望」であるということです。特にヨーロッパや南米では、多くの子供たちが「将来サッカー選手になる」という夢を持ち、お気に入りの選手のプレーを見ながら自分の将来を思い描いています。そして大人たちは、自分のお気に入りのチームや選手に、自分が叶えられなかった夢を託しているのです。サッカーを見ている間は、決して楽ではない日常の生活を忘れて、大人も夢を見続けることができるのです。人間は夢と希望がなければ生きていけません。人々にとってサッカーは生きる力となっているのです。

　こうしたサッカーの持つ力をこれまでに肌で感じてきて、私も一指導者として人々に夢と希望を与えられるような選手やチームを育てていきたいという思いを持って日々活動しています。私も、サッカーに「夢と希望」を抱き続ける者のひとりであります。

　本書がみなさんにとって、少しでも何かしらのお役に立てればと大変嬉しく思います。そして、選手がいつまでも、サッカーに夢と希望を持ち続けることにわずかながらでも貢献できるのであれば、このうえのない喜びであります。

徳永尊信
（FC 町田ゼルビア アカデミー
ジュニアユース監督）

ZeLvia
10
ZeLvia
5

著者プロフィール

徳永尊信（とくなが・たかのぶ）／1975年7月、東京都出身。スペイン・サッカー協会公認指導者ライセンスのレベル２取得。東京の地域クラブで指導を始め、矢板中央高校（栃木）のコーチを5年間務める。指導者としての経験を積むため、2004年8月にスペインへ。バルセロナにおいて5年半にわたって活動し、そのなかで、CEエウロパにてユース世代の最高レベルリーグ「ディビジョン・オノール」を戦った。2010年からはエクアドルのバルセロナ SCで U-18の監督とユースカテゴリー統括を兼任。11年4月に帰国し、現在は FC 町田ゼルビアのジュニアユース監督を務める。欧州、南米での指導経験がある日本人指導者である。著書に『スペイン・サッカー最新上級者向けメソッド　インテレラショナード・トレーニング』（ベースボール・マガジン社）、『一生つかえる！サッカーのみかた』（成美堂出版社）がある

撮影協力

左から市橋和弥、所海都、小久保圭吾、佐藤陸、橋村龍ジョセフ、内野豊羽

協力チーム紹介

ＦＣ町田ゼルビア アカデミー ジュニアユース

東京都町田市をホームタウンとし、トップチームは2015年現在、明治安田生命 J3リーグに所属する。愛称の「ZELVIA」は町田市の木であるケヤキ「zelkova」（ゼルコヴァ）と、市の花・サルビア「salvia」を合わせた造語。ジュニアユースはその下部組織で、中学生年代の選手が所属する（写真は U-15）

差《さ》がつく練習法《れんしゅうほう》
サッカー　ポゼッションスタイル

2015年 7 月31日　第 1 版第 1 刷発行
2017年10月30日　第 1 版第 3 刷発行

著　　　者／徳永尊信《とくながたかのぶ》

発　行　人／池田哲雄
発　行　所／株式会社ベースボール・マガジン社
〒103-8482
東京都中央区日本橋浜町 2-61-9　TIE 浜町ビル
電話　　　03-5643-3930（販売部）
　　　　　03-5643-3885（出版部）
振替口座　00180-6-46620
http://www.bbm-japan.com/
印刷・製本／広研印刷株式会社

Printed in Japan
ISBN978-4-583-10832-2 C2075